코로나19 바이러스
"친환경 99.9% 항균잉크 인쇄"
전격 도입

언제 끝날지 모를 코로나19 바이러스
99.9% 항균잉크(V-CLEAN99)를 도입하여 「**안심도서**」로
독자분들의 건강과 안전을 위해 노력하겠습니다.

항균잉크(V-CLEAN99)의 특징

- 바이러스, 박테리아, 곰팡이 등에 항균효과가 있는 산화아연을 적용
- 산화아연은 한국의 식약처와 미국의 FDA에서 식품첨가물로 인증받아 **강력한 항균력**을 구현하는 소재
- 황색포도상구균과 대장균에 대한 테스트를 완료하여 99.9%의 강력한 항균효과 확인
- 잉크 내 중금속, 잔류성 오염물질 등 **유해 물질 저감**

TEST REPORT

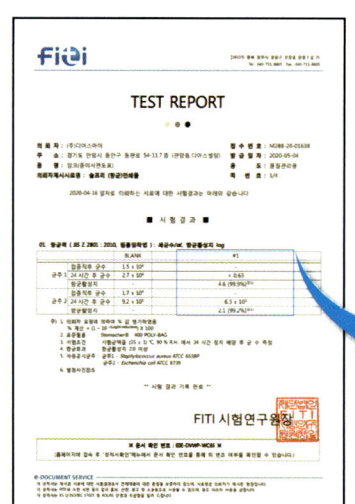
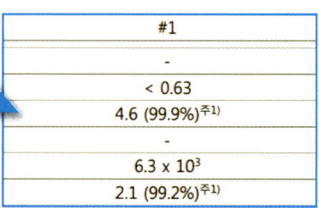

모던한 감성을 담은
매듭 소품

아름다움을 엮다, 전통매듭

❋ 프롤로그

손끝에 마음을 담아 전통매듭을 엮습니다.

처음부터 전통매듭 공예가 저의 업은 아니었습니다. 대학에서 산업디자인과를 졸업하고, IT 회사에서 디자이너로 근무하며 빠르게 변화하는 세상을 쫓는 삶을 살았습니다. 하지만 점점 손으로 하는 감성적인 일들에 갈증이 생겼고, 우연히 전통매듭을 접하게 되었습니다.

손끝에만 집중하여 매듭을 엮다 보면, 어지러웠던 머릿속이 차분해지고 걱정은 희미해졌습니다. 완성된 작품을 보고 있으면 정말 뿌듯했죠. 그렇게 한 땀 한 땀 마음을 담아 엮어내는 전통매듭의 매력에 푹 빠져 취미였던 매듭이 업이 되었고, 지금은 강의를 통해 많은 사람들에게 전통매듭의 기쁨을 알리고 있습니다.

'단디'라는 공방 이름은 제 고향인 경상도 방언으로 '꼼꼼히', '확실히'라는 뜻을 가지고 있습니다. 느리더라도 매듭 하나하나를 꼼꼼히 엮고, 완성도 있는 작품을 만들겠다는 의미를 담았습니다.

이 책이 전통매듭을 처음 엮는 분들께는 입문서로서, 전통매듭에 익숙한 분들께는 종종 잊어버리는 부분들이 잘 정리되어 있어 언제든지 펼쳐볼 수 있는 책으로서 도움이 되면 좋겠습니다. 제가 전통매듭을 엮으며 즐거웠던 시간들을 여러분과 함께 나눌 수 있길 바랍니다. 책 집필에 도움을 주신 호애 작가님께도 감사드려요.

전통매듭과 함께 여러분의 일상 속 아름다움도 함께 엮어보세요.

김정인

❊ 목차

1장 | 전통매듭의 기초

전통매듭 도구와 재료　8
- 전통매듭 끈 | 전통매듭 도구

매듭을 엮기 전에　10
- 매듭풀 만들기 | 매듭 줄이기 | 매듭 마무리하기

전통매듭 포장과 보관　14
- 전통매듭 포장하기 | 전통매듭 보관하기

2장 | 간단하게 엮는, 전통매듭

외도래매듭 실팔찌
19

번데기매듭 초커
25

도래매듭 팔찌
31

전복술매듭 티코스터
39

연봉매듭 키링
45

당초매듭 팔찌와 반지
53

가락지매듭 팔찌
61

오벌가락지매듭 배씨댕기
71

날개매듭 머리핀
79

생쪽매듭 안경줄&마스크줄
89

3장 | 섬세하게 엮는, 전통매듭

매화매듭 월행잉
99

매화매듭 썬캐쳐
111

국화매듭 북마크
123

국화매듭 귀걸이
135

단지매듭 귀걸이
143

단지매듭 노리개
155

장구매듭 돌띠
163

부록 | 전통매듭 도안

1장 전통매듭의 기초

전통매듭 도구와 재료

• **전통매듭 끈**

❶ **꼰소사** : 1.7mm 두께의 끈으로 표면이 거칠어서 매듭을 엮으면 잘 풀리지 않습니다. 또한 끈이 단단하고 힘이 있어서 매듭의 모양이 잘 유지되어 일반적으로 전통매듭을 엮을 때 가장 많이 사용합니다.

❷ **중중사** : 1.9mm 두께의 끈으로 표면이 매끈하며 광택이 납니다. 매듭을 엮으면 쉽게 헐거워질 수 있어서 전통매듭 초보자가 다루기에는 조금 어려운 면이 있지만, 중중사로 엮은 매듭은 고유의 광택이 있어 고급스러운 분위기가 풍깁니다.

❸ **목걸이끈** : 1mm 두께의 얇은 끈으로 꼰소사와 같이 표면이 거칠어 매듭을 엮기 좋습니다. 끈에 구슬을 꿰거나 작은 액세서리를 매듭과 함께 엮어 섬세한 작품을 만들 때 주로 사용합니다.

❹ **사각끈** : 단면이 둥근 일반적인 끈과 달리 단면이 납작한 사각형 모양의 끈입니다. 매듭을 엮을 때 끈이 꼬이지 않도록 주의가 필요하지만, 더욱 고급스러운 작품을 완성할 수 있습니다.

❺ **금사 | 은사** : 매듭에 화려한 분위기를 더하고 싶을 때 사용하면 좋은 반짝이는 끈입니다. 가락지매듭으로 엮어 전통매듭 작품을 장식할 때 주로 사용합니다.

❻ **로프** : 전통매듭을 엮는 과정이 익숙해지면, 조금 더 다양한 종류의 끈을 활용하여 매듭을 엮을 수 있습니다. 나일론 소재의 로프 끈은 두께가 다양하고, 끈의 절단면을 불로 녹여 깔끔한 마무리를 할 수 있다는 장점이 있습니다.

• 전통매듭 도구

❶ 답비 : 매듭의 작은 구멍에 끈을 연결하기 위해서 끈을 갈고리에 걸어 당겨올 때 사용하는 도구입니다.

❷ 송곳 : 매듭의 모양을 단단하게 맺기 위해서 매듭을 줄일 때 사용하는 도구입니다.

❸ 가위 : 끈을 자를 때 사용하는 도구로 끝이 가느다란 것이 사용하기 좋습니다.

❹ 매듭풀 : 매듭을 단단하게 고정시켜주는 마감재로 목공용풀로 대체가 가능합니다.

❺ E6000 : 금속과 직물에 사용이 가능한 투명한 본드로 글루건으로 대체가 가능합니다.

❻ 오링반지 : 오링반지에 있는 홈을 이용하여 O링을 벌릴 때 사용하는 도구입니다.

❼ 9자말이집게 : 한쪽 끝이 둥근 형태의 집게로 9핀과 T핀 등의 끝을 말아 접을 때 사용하는 도구입니다.

❽ 평집게 : 끝이 납작한 형태의 집게로 O링을 열고 닫을 때 사용하는 도구입니다.

❾ 순간접착제 : 끈의 절단면이 풀어지지 않도록 고정하여 매듭을 깔끔하게 마무리할 때 사용하는 도구입니다.

❿ 글루건 : 공예에 사용하는 총 모양의 접착 도구로, 공예용 일반 글루스틱보다 연노란색의 강력한 글루스틱을 사용하는 것을 추천합니다.

매듭을 엮기 전에

• **매듭풀 만들기**

매듭풀은 전통매듭 작품이 풀리지 않도록 단단하게 고정시켜주는 마감재입니다. 물과 희석한 매듭풀을 잘 밀봉해두면 오래도록 사용할 수 있습니다.

작은 볼을 준비하여 매듭풀 1, 물 5의 비율로 섞어줍니다.

매듭풀이 잘 풀어지도록 섞어줍니다.

❋Tip 물과 매듭풀의 비율은 정확하지 않아도 괜찮지만 농도가 너무 진하면 매듭의 색이 진하게 변하고, 또 너무 묽으면 매듭이 단단하게 고정되지 않아요.

단단하게 고정하고 싶은 전통매듭 작품을 매듭풀에 담갔다 빼고, 매듭에 남은 풀은 휴지로 톡톡 눌러 닦아줍니다.

매듭의 모양을 잘 매만지고 건조해줍니다.

• 매듭 줄이기

송곳은 매듭을 줄일 때 사용하는 도구로 매듭의 모양을 단단하게 맺기 위해서 꼭 필요한 도구입니다.

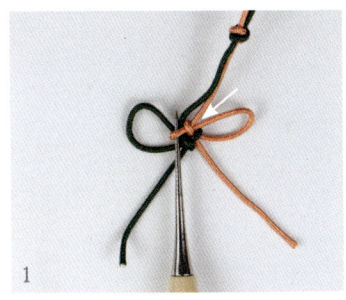

1

매듭의 시작 부분에 있는 주황색 끈을 송곳을 사용해 당겨줍니다.

2

끈의 흐름을 따라가며 오른쪽 주황색 고리를 당겨줍니다.

3

계속해서 끈의 흐름을 따라가며 매듭을 뒤집고, 고리에 연결된 주황색 끈을 송곳을 사용해 당겨줍니다.

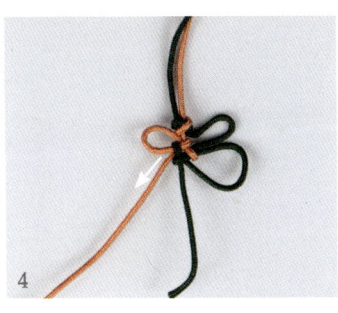

4

끈의 흐름에 집중해서 주황색 끈을 한 방향으로 끝까지 당겨줍니다.

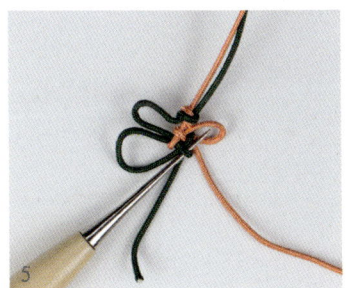

5

주황색 끈을 다 줄였다면, 매듭을 뒤집고 반대쪽 초록색 끈도 같은 과정을 반복해서 매듭을 줄여줍니다.

6

초록색 끈을 끝까지 당겨내면 매듭을 단단하게 맺을 수 있습니다.

✱TIP 매듭을 엮는 방법은 여러 가지가 있지만, 매듭을 줄이는 방법은 동일해요. 매듭의 중심부터 끈의 흐름을 잘 따라가며, 매듭을 원하는 크기와 위치에 오도록 조금씩 줄여주세요.

• 매듭 마무리하기

순간접착제는 끈의 절단면이 풀어지지 않도록 고정시키는 역할을 하여, 매듭을 깔끔하게 마무리할 때 사용합니다. 매듭을 엮는 끈이 나일론이나 폴리에스터 소재라면 라이터로 마무리할 수 있습니다.

마지막 꽃잎을 엮을 때 꽃잎의 크기를 원하는 크기보다 조금 작게 줄이고, 남은 끈을 깔끔하게 잘라줍니다.

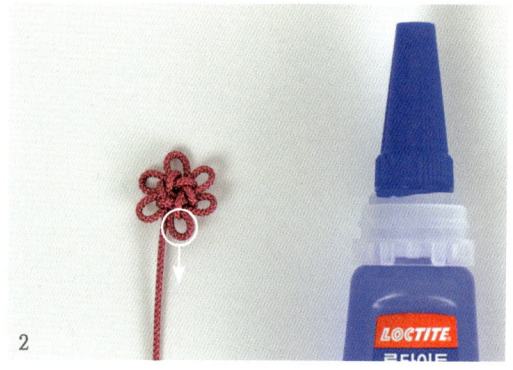

끈의 절단면에 순간접착제를 소량 묻혀 주고 절단면과 연결된 마지막 꽃잎을 당겨 절단면이 매듭 안으로 가려지도록 합니다.

Tip 순간접착제가 마르기 전에 빨리 당겨내야 해요.

반대쪽에 남은 끈도 깔끔하게 자르고, 같은 과정을 반복해서 순간접착제로 마무리합니다.

오링반지 사용법

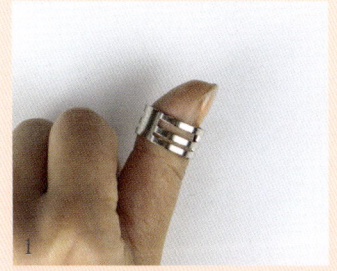

오링반지는 왼손 엄지와 검지 중에 편한 곳에 끼워줍니다.

Tip 오링반지는 엄지의 첫 마디 또는 검지의 두 번째 마디에 껴주세요.

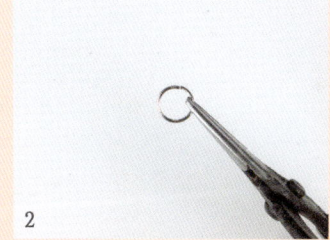

O링이 열리는 부분이 위쪽을 향하도록 하고, 평집게로 잡아줍니다.

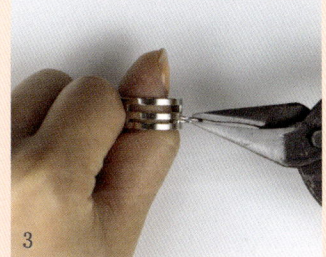

오링반지에는 넓이가 다른 홈이 여러 개 있는데, O링의 두께에 맞는 홈을 찾아 O링을 살짝 끼워줍니다.

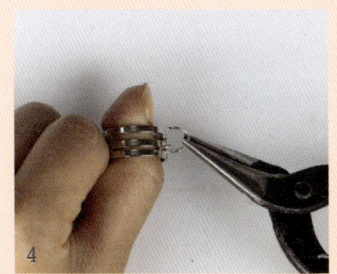

평집게를 뒤로 비틀어 O링을 열어줍니다.

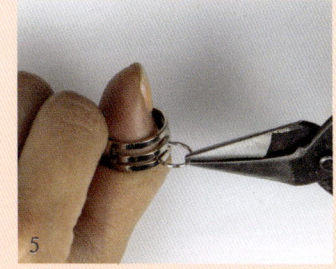

O링을 닫을 때에도 오링반지와 평집게를 사용하여 반대 방향으로 비틀어 닫아줍니다.

전통매듭 포장과 보관

• 전통매듭 포장하기

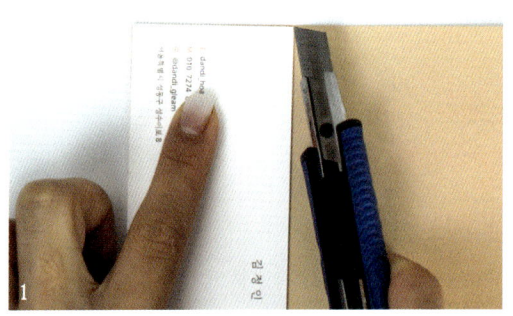

두꺼운 종이에 명함을 대고 칼로 반듯하게 잘라 줍니다.

송곳으로 종이의 1/5 지점에 구멍 두 개를 일정한 간격으로 뚫어줍니다.

전통매듭 귀걸이를 구멍에 고정시키고, 종이 크기보다 1cm 정도 여유 있는 크기의 비닐로 포장합니다.

부직포 주머니로 한 번 더 예쁘게 포장합니다.

• **전통매듭 보관하기**

1

노리개는 걸어서 보관해야 술을 곧게 유지할 수 있습니다.

2

술이 휘어버린 노리개는 스팀을 쐬어주고, 걸어서 건조하면 처음 모양 그대로 술을 곧게 펼 수 있습니다.

2장 간단하게 엮는,
전통매듭

외도래매듭 실팔찌

전통매듭 하면, 노리개가 가장 먼저 떠오르시나요? 그런데 조금의 상상력을 더하면 우리 일상에 어울리는 작품을 무궁무진하게 만들 수 있답니다. 외도래매듭으로 엮은 실팔찌로 전통매듭에 첫걸음을 내디뎌 보는 건 어떨까요? 외도래매듭은 어린아이가 머리를 좌우로 흔들며 도리질을 하는 모습과 닮았다 하여 이름 붙은 매듭입니다. 매듭 사이에 이니셜 펜던트를 달거나 특별한 장식 없이 심플하게 만든 팔찌로 일상에서 전통매듭과 함께 해보세요.

❈ 재료 소개

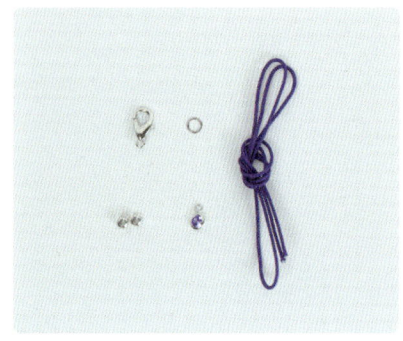

재료
나일론끈 60cm
한고리 펜던트
장식 구슬 2개
게고리(잠금 장식) 1개
O링 1개

도구
가위
순간접착제
평집게
오링반지

❈ 전통매듭 엮기

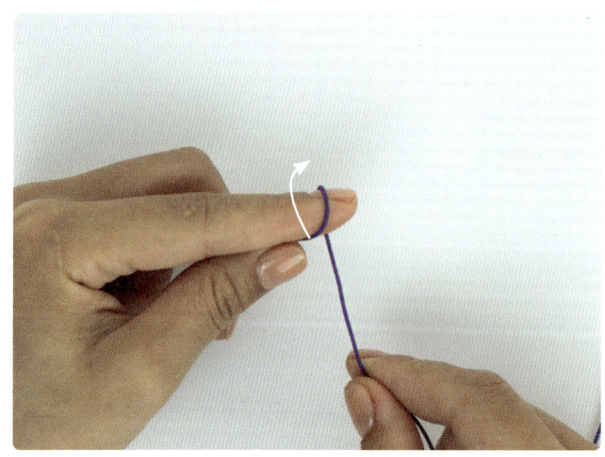

1.
60cm 길이의 나일론끈을 준비합니다. 그 다음 끈의 중심을 잡고, 왼손 검지에 앞에서 뒤로 한 바퀴 감아줍니다.

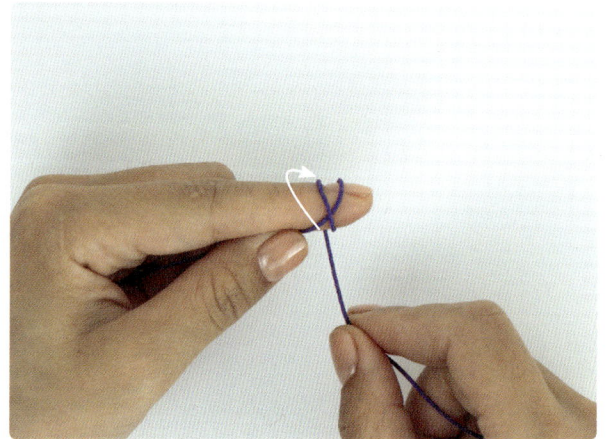

2.
1번에서 감은 고리 왼쪽에, 'X'자 모양이 되도록 한 바퀴 더 감아줍니다.

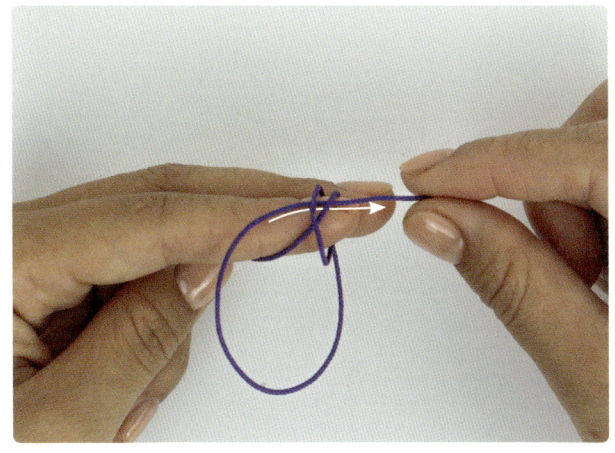

3.

끈의 오른쪽 끝부분을 검지에 감은 두 고리에 왼쪽에서 오른쪽으로 통과시켜 넣어줍니다.

* Tip 중지로 검지에 감은 두 개의 고리가 풀리지 않도록 잡아주고, 고리를 느슨하게 살짝 늘려주면 끈을 통과시키기 쉬워요.

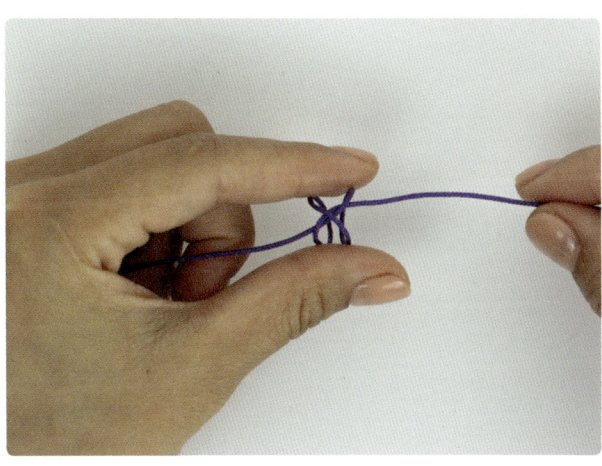

4.

매듭이 풀리지 않도록 조심스럽게 검지에서 뺀 다음 왼손 엄지와 검지로 매듭을 잡아줍니다.

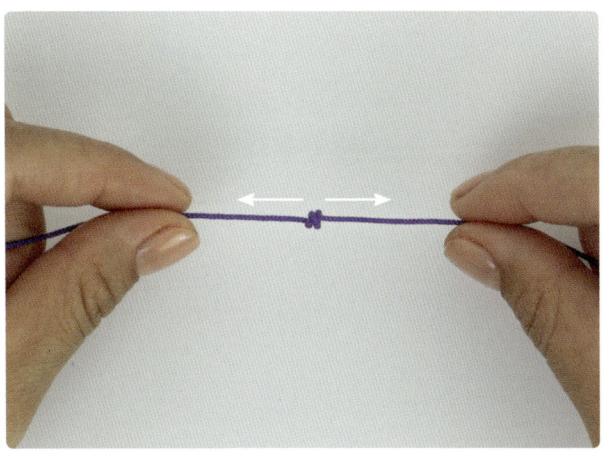

5.

오른손으로 끈을 천천히 당기며 매듭을 줄이고, 끈의 양 끝을 당겨 매듭을 맺으면 외도래매듭 하나가 완성됩니다.

* Tip 매듭의 앞부분은 'X'자 모양, 뒷부분은 숫자 '11'의 모양이면 외도래매듭을 잘 엮은 거예요.

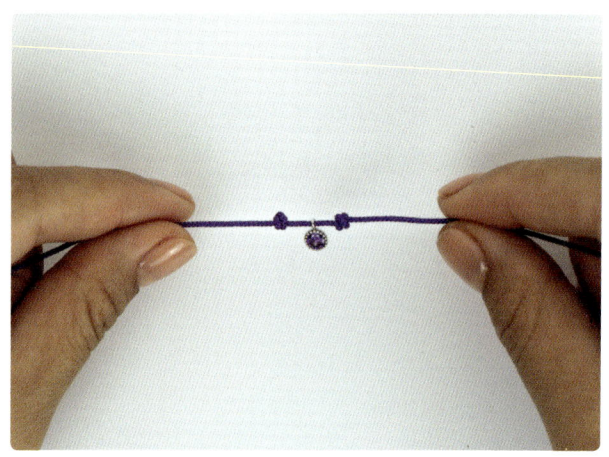

6.

5번에서 엮은 외도래매듭 옆에 한고리 펜던트가 위치하도록 끈에 통과시켜 넣어주고, 1~5번 과정을 반복하여 펜던트 옆에 외도래매듭을 하나 더 엮어줍니다.

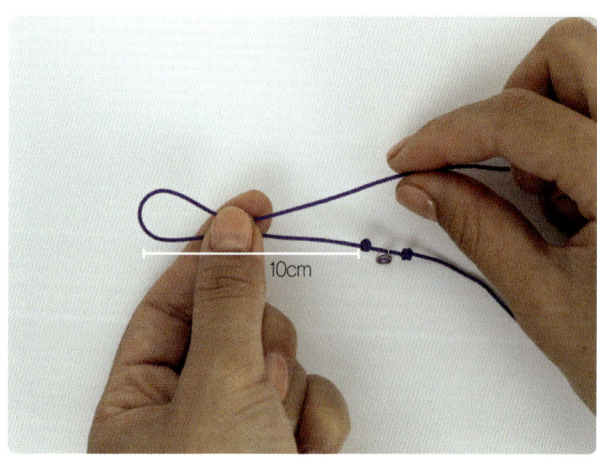

7.

외도래매듭을 기준으로 왼쪽 끈의 10cm 지점을 올려서 접고, 왼손으로 잡아줍니다.

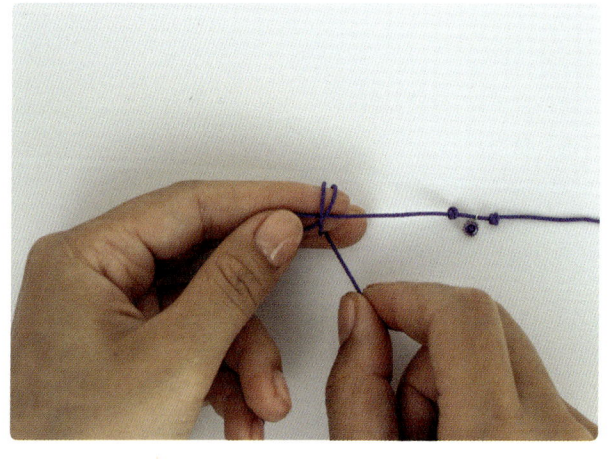

8.

접은 끈이 매듭과 함께 엮어져 고리가 만들어지도록, 왼손 엄지로 고리를 잡은 상태에서 고리를 감으며 1~5번 과정을 반복하여 외도래매듭을 엮어줍니다.

9.

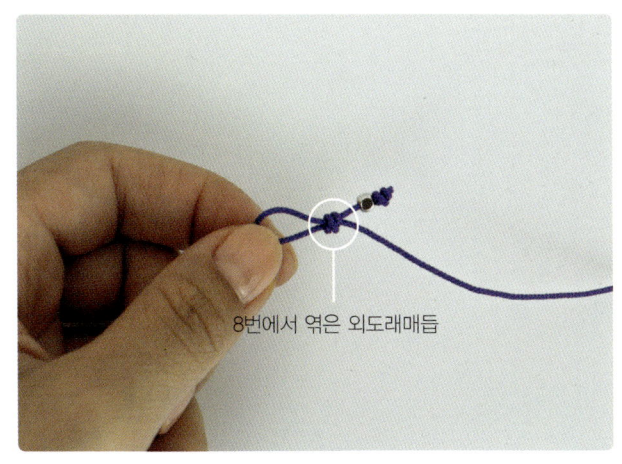

8번에서 엮은 외도래매듭

끈 끝에 장식 구슬을 넣고, 끈의 끝부분에 외도래매듭을 엮어 장식 구슬이 떨어지지 않도록 해줍니다. 그다음 남은 끈을 깔끔하게 자르고, 끈의 절단면에 순간접착제를 소량 묻혀 마무리합니다.

10.

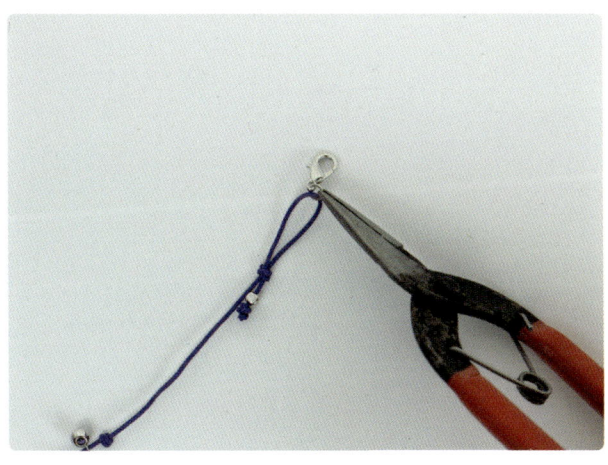

오른쪽 끈도 7~9번 과정을 반복하여 고리를 감으며 외도래매듭을 엮고 장식 구슬을 넣어준 뒤, 끈의 끝부분에 외도래매듭을 한 번 더 엮어줍니다. 그다음 한쪽 끈의 고리에만 O링으로 연결한 게고리(잠금 장식)를 달아줍니다.

❋Tip O링을 열고 닫을 때는 평집게와 오링반지를 사용하면 편해요.

11.

게고리로 팔찌를 잠가주면, 외도래매듭으로 엮은 심플한 실팔찌가 완성됩니다.

❋Tip 고리를 조절하여 손목 사이즈에 맞게 팔찌 길이를 맞출 수 있어요.

번데기매듭 초커

전통매듭은 대부분 자연에서 온 이름이 많다고 해요. 번데기매듭은 번데기의 모양을 닮았다 하여 이름 붙은 매듭입니다. 고요히 손끝에만 집중하며 끈을 돌돌 감아 쏙 당겨내면 어느새 번데기매듭으로 엮은 초커가 완성된답니다. 초커는 일반 목걸이보다 길이가 짧아서 단독으로 귀엽게 착용해도 좋고, 소재가 다른 목걸이를 함께 착용하면 더욱 멋스럽게 연출할 수 있어요.

❊ 재료 소개

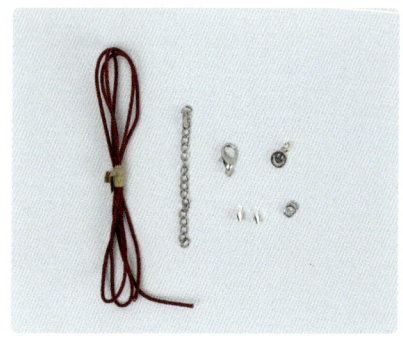

재료	도구
목걸이끈 130cm	답비
한고리 스마일 펜던트	가위
고정 C캡(마무리 장식) 2개	평집게
꼬리체인(길이 조절 장식) 1개	오링반지
게고리(잠금 장식) 1개	순간접착제
O링 2개	

❊ 전통매듭 엮기

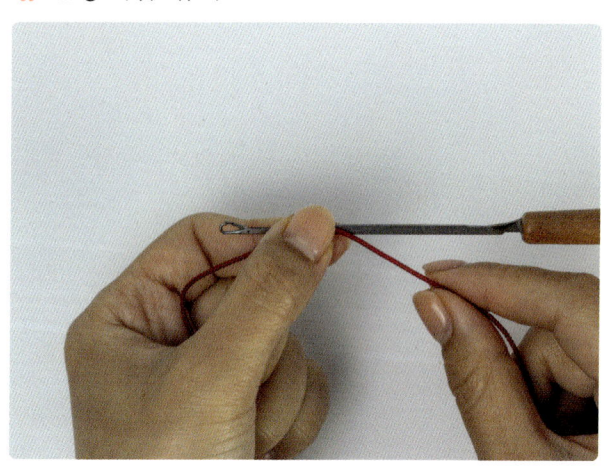

1.

130cm 길이의 목걸이끈을 준비합니다. 그 다음 답비의 갈고리 부분이 왼쪽을 향하도록 하고, 끈의 중심과 함께 잡아줍니다.

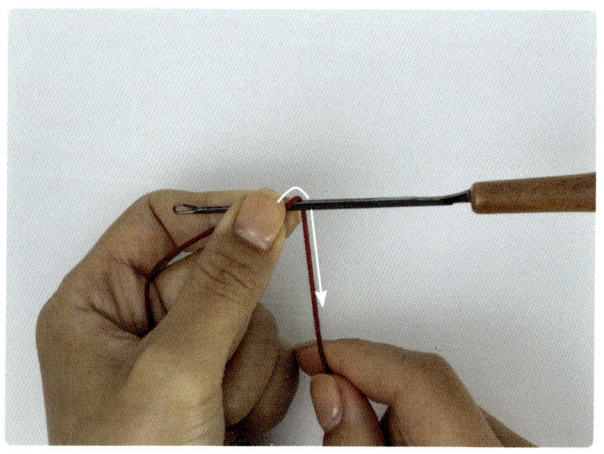

2.

오른쪽 끈을 답비 앞에서 뒤로 한 바퀴 감아줍니다.

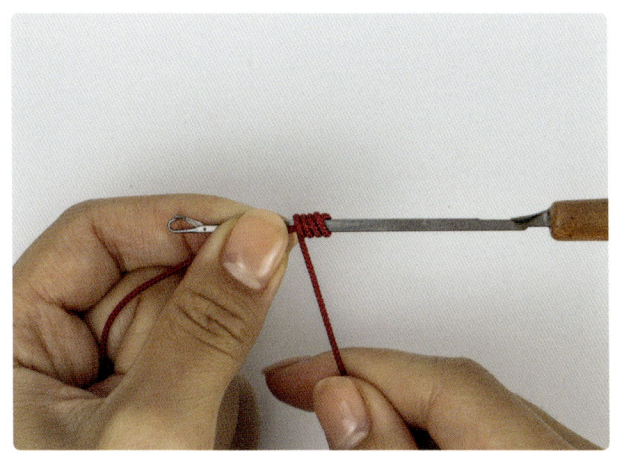

3.

왼쪽으로 네 바퀴 더 감아줍니다.

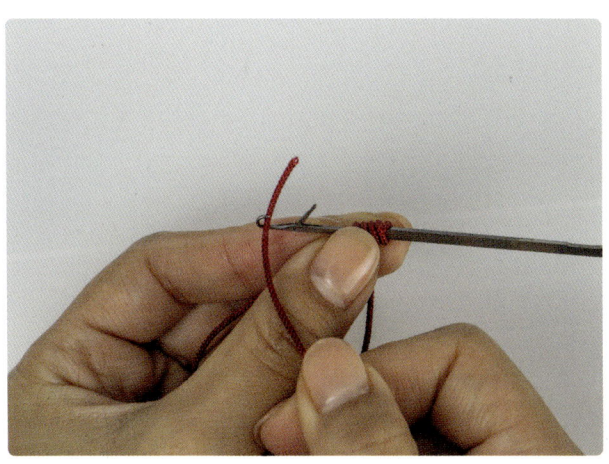

4.

감은 끈이 풀리지 않도록 왼손으로 잡아준 다음, 답비의 갈고리를 열어 오른쪽 끈의 끝부분을 갈고리에 걸어줍니다.

* Tip 끈의 끝부분을 갈고리에 걸어야 답비로 쉽게 끈을 당겨올 수 있어요.

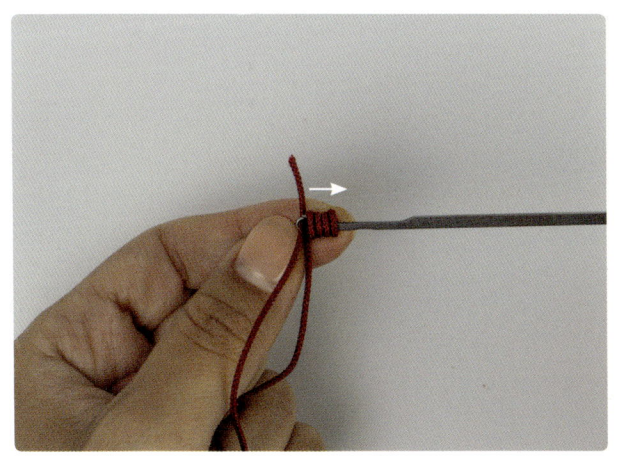

5.

답비를 오른쪽으로 천천히 당기며 감은 매듭 사이로 끈을 통과시켜줍니다.

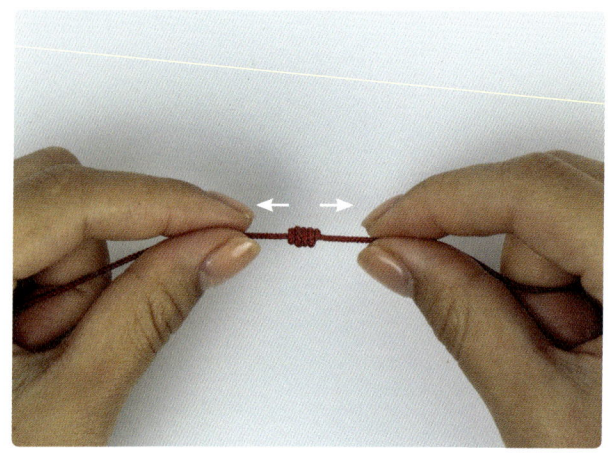

6.

끈을 양쪽으로 천천히 당기면서 매듭을 줄이면 번데기매듭 하나가 완성됩니다.

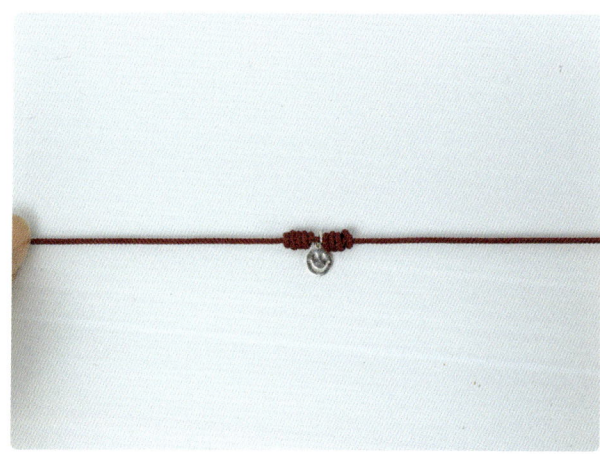

7.

6번에서 엮은 번데기매듭 옆에 스마일 펜던트가 위치하도록 끈에 통과시켜 넣어주고, 펜던트 옆에 번데기매듭을 하나 더 엮어줍니다.

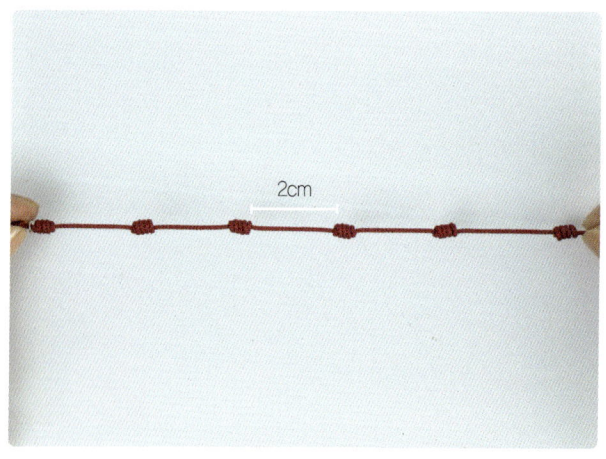

8.

펜던트를 기준으로 양쪽 6개씩, 총 12개의 번데기매듭을 일정한 간격으로 엮어줍니다.

Tip 성인 여성을 기준으로 매듭을 엮었어요.

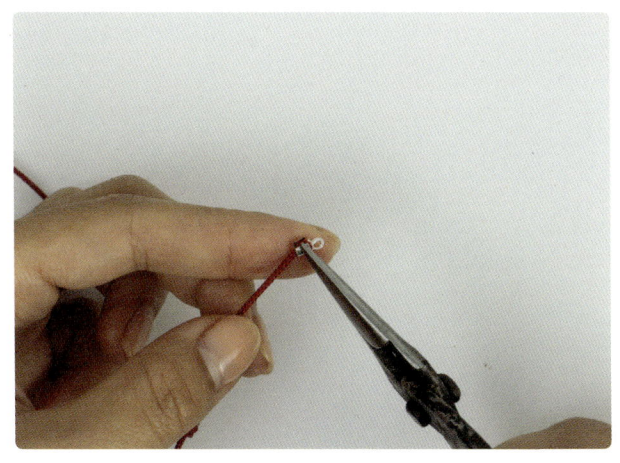

9.

양쪽 끈의 끝부분에 고정 C캡을 평집게로 눌러 마무리 장식을 넣어주고, 남은 끈을 깔끔하게 잘라줍니다. 그다음 끈의 절단면에 순간접착제를 소량 묻혀 마무리합니다.

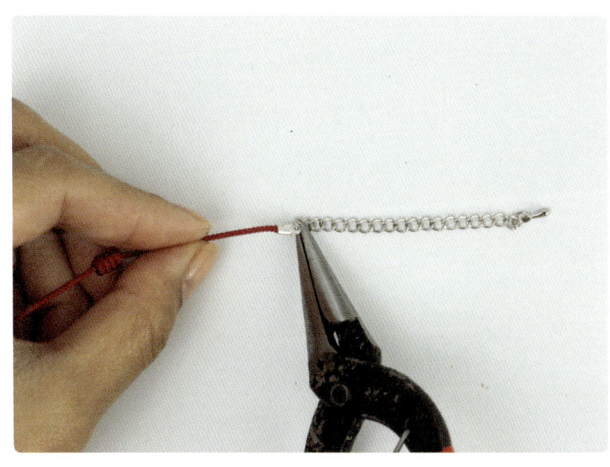

10.

양쪽 고정 C캡에 꼬리체인(길이 조절 장식)과 게고리(잠금 장식)를 O링으로 연결하여 달아줍니다.

*Tip O링을 열고 닫을 때는 평집게와 오링반지를 사용하면 편해요.

11.

번데기매듭으로 엮은 귀여운 스마일 펜던트가 달린 초커가 완성되었습니다.

도래매듭 팔찌

도래매듭은 궁중은 물론 민가에서도 널리 사용되었던 매듭으로 전통매듭에서 가장 기본적인 매듭이랍니다. 주로 매듭과 매듭 사이를 연결하고, 다른 매듭의 가닥이 풀어지지 않도록 고정하거나 매듭의 시작과 끝맺음에 쓰입니다. 매듭의 앞뒤가 모두 'X'자 모양이 특징인 도래매듭은 기본적인 매듭이지만, 모든 전통매듭 작품에 사용되는 아주 중요한 매듭입니다. 도래매듭에 원석을 함께 엮어 만든 팔찌는 소중한 사람과 커플로 착용하기 좋답니다. 마음을 전하고 싶은 사람이 있다면, 내 손으로 직접 엮은 도래매듭 팔찌를 선물로 건네보는 건 어떨까요?

재료 소개

재료

꼰소사 210cm
구슬 : 원석 구슬 1개
　　　 메탈 구슬 2개
클래습(잠금 장식) 1개

도구

가위
E6000

• 재료 구매 TIP
구슬과 클래습을 구매하기 전에 내경을 꼭 확인해주세요. 1.7mm 꼰소사를 기준으로 구슬은 내경 3mm 이상, 클래습은 내경 5mm 이상이 좋습니다.

전통매듭 엮기

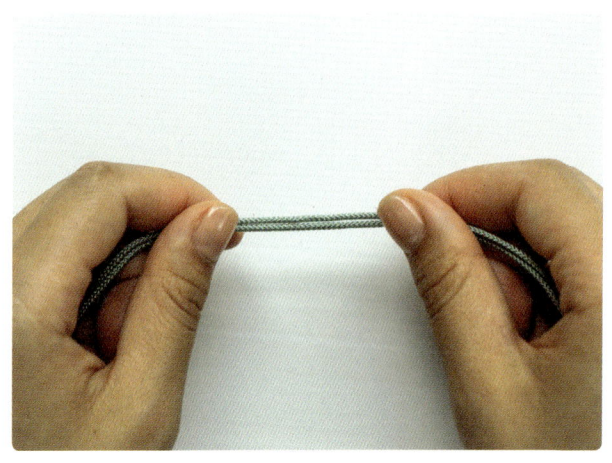

1.

210cm 길이의 꼰소사를 준비합니다. 그다음 끈을 반으로 접어 자르고, 자른 두 가닥의 끈을 겹쳐서 중심을 잡아줍니다.

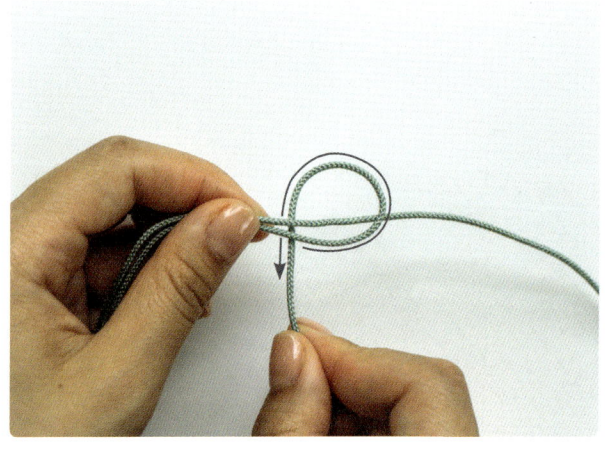

2.

아래쪽 끈으로 위쪽 끈을 감으며 앞에서 뒤로 돌려 알파벳 'P' 모양을 만들어줍니다.

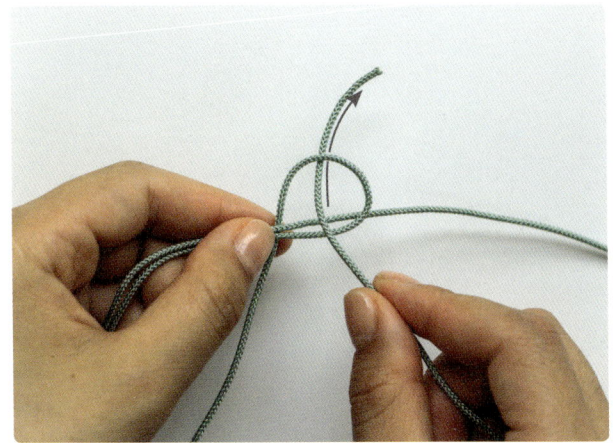

3.

그대로 아래쪽 끈을 2번에서 만든 고리에 넣고 당겨줍니다.

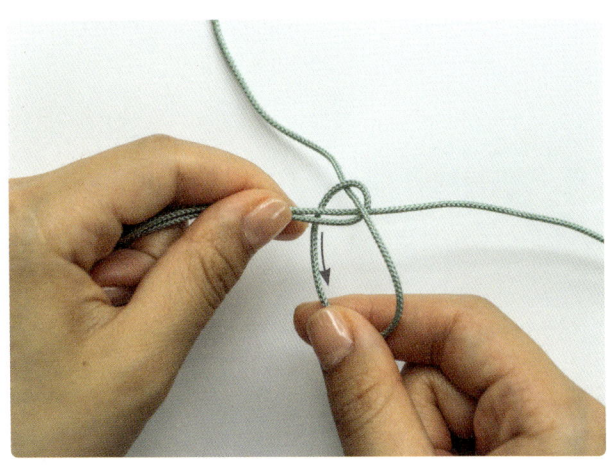

4.

이때 고리에 넣은 끈을 끝까지 바짝 당기지 말고, 아래쪽 고리를 당겨 2번에서 만든 위쪽 고리를 작게 줄입니다.

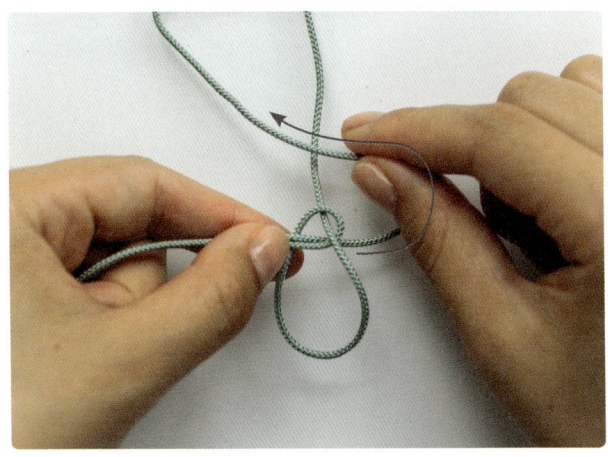

5.

위쪽에 남은 끈도 돌려서 3번에서 고리에 넣은 끈 위에 놓고, 알파벳 'b' 모양을 만들어줍니다.

6.

5번에서 감은 끈의 끝부분을 밑으로 내려 4번에서 만든 고리의 왼쪽에 고정시킵니다.

두 개의 고리 확인

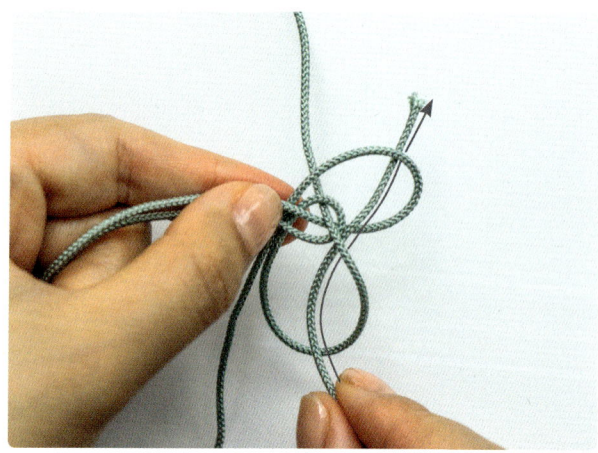

7.

그대로 끈의 끝부분을 두 고리의 아래에서 위로 나란히 통과시켜 넣어줍니다.

*Tip 두 고리는 같은 방향을 향하고 있어야 해요.

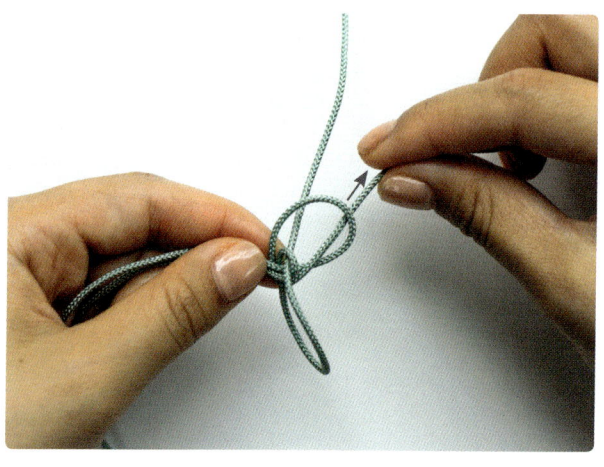

8.

7번에서 두 고리 안으로 통과시킨 끈을 먼저 잡아당겨 줄여줍니다.

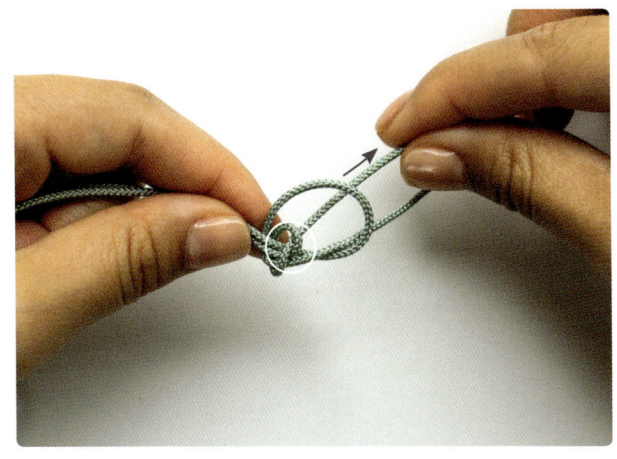

9.

남은 한 가닥의 끈도 잡아당겨 줄여주는데, 줄어드는 고리가 먼저 엮은 끈의 꼬임 위로 올라가서 매듭의 모양이 'X'자가 되도록 줄여줍니다.

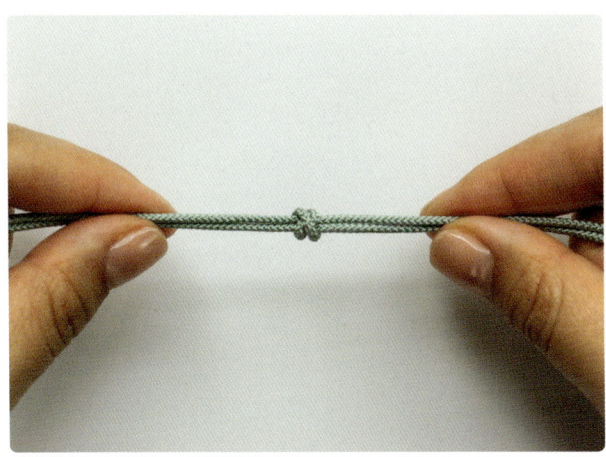

10.

매듭의 앞뒤 모양이 모두 'X'자가 되었다면, 도래매듭 하나가 완성되었습니다.

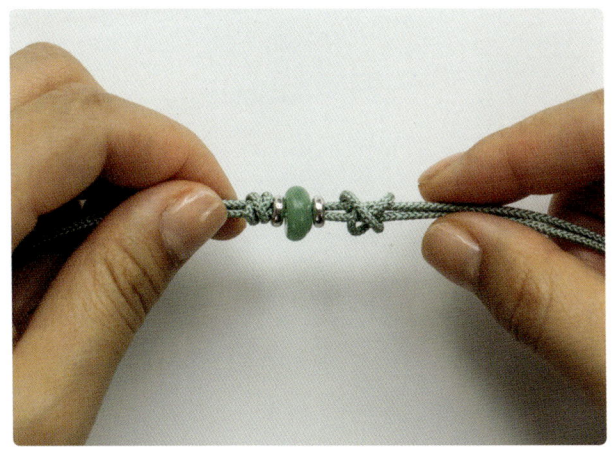

11.

10번에서 엮은 도래매듭 옆에 원석 구슬 한 개와 메탈 구슬 두 개를 넣어주고, 구슬 옆에 도래매듭을 하나 더 엮어줍니다. 이때 살짝 느슨하게 엮어줍니다.

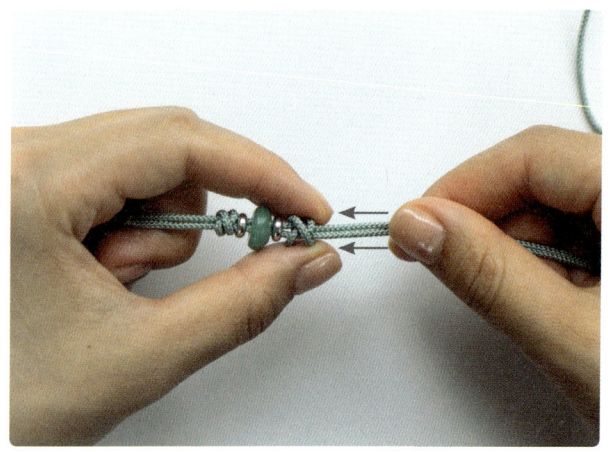

12.

왼손 검지와 엄지로 11번에서 엮은 도래매듭을 왼쪽으로 굴리며 구슬에 바짝 붙여 단단하게 엮어줍니다.

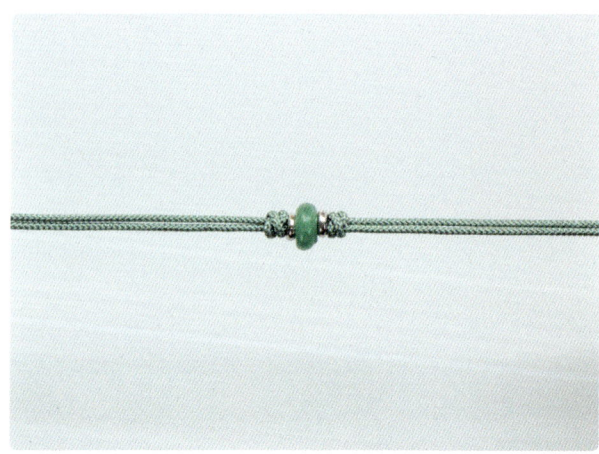

13.

구슬을 기준으로 양쪽 18개씩, 총 36개의 도래매듭을 촘촘히 엮어줍니다.

*Tip 성인 여성을 기준으로 매듭을 엮었어요.

14.

매듭을 엮고 남은 끈은 가위로 깔끔하게 잘라줍니다.

15.

클래습(잠금 장식)에 E6000 본드를 바르고, 도래매듭의 양 끝을 끼워서 붙여줍니다.

16.

도래매듭으로 엮은 팔찌가 완성되었습니다.

전복술매듭 티코스터

두 가지 색의 끈이 단정하게 엮인 전복술매듭으로 만든 티코스터는 물기를 잘 흡수하고, 금세 말라 항상 뽀송뽀송하답니다. 반얽힘매듭이라고도 불리는 전복술매듭은 매듭을 반복하여 긴 띠의 형태로 엮을 수 있는데, 굵은 로프를 사용하여 엮으면 냄비받침을 만들 수도 있답니다. 전복술매듭으로 엮은 예쁜 티코스터를 보고 있자니, 나른한 오후의 티타임이 벌써 기다려지지 않나요?

❊ 재료 소개

재료
나일론 로프 180cm 2개
(총 360cm)

도구
답비
가위
라이터 또는 순간접착제

• 재료 구매 TIP
더 굵은 로프를 사용하여 전복술매듭을 엮으면, 냄비받침을 만들 수 있습니다.

❊ 전통매듭 엮기

1.

180cm 길이의 나일론 로프 2개를 준비합니다. 그다음 로프 2개를 나란히 잡고, 끈 위에서 40cm 지점에서 오른쪽 끈(파란색 끈)을 앞으로 돌려 알파벳 'P' 모양을 만듭니다.

2.

그대로 오른쪽 끈을 오른쪽 고리(파란색 고리)의 뒤에서 앞으로 통과시켜 넣어줍니다.

3.

오른쪽 끈을 당겨서 고리를 작게 줄여 매듭을 짓습니다.

4.

왼쪽 끈(주황색 끈)이 오른쪽 끈(파란색 끈) 아래를 지나, 매듭의 중심에 있는 두 가닥의 끈 위로 올려서 알파벳 'P' 모양을 만듭니다.

- Tip 왼쪽 끈(주황색 끈)이 오른쪽 끈(파란색 끈) 아래를 지나도록 해주세요. 이 과정에서 많은 분들이 왼쪽 끈이 오른쪽 끈의 위로 지나가는 실수를 한답니다.

5.

그대로 왼쪽 끈을 주황색 고리의 뒤에서 앞으로 통과시켜 넣어줍니다.

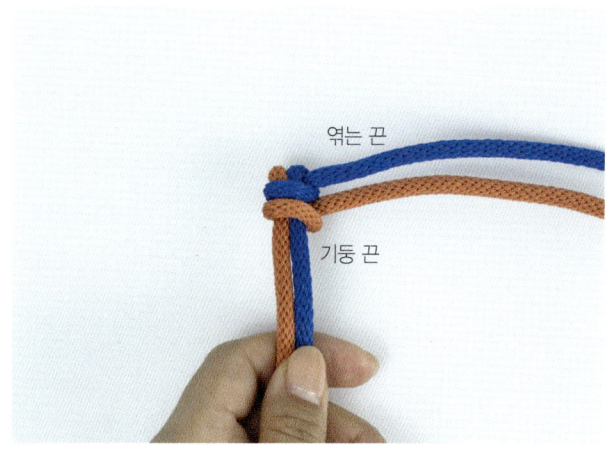

6.

주황색 끈을 당겨서 매듭지으면 전복술매듭 하나가 완성됩니다.

7.

총 매듭의 길이가 20cm가 되도록 전복술매듭을 더 엮어줍니다.

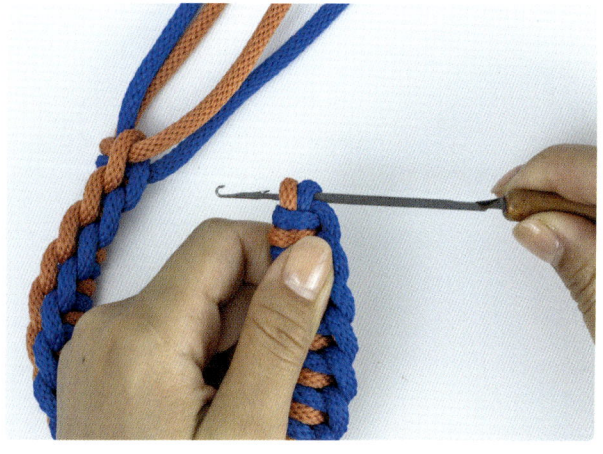

8.

답비를 매듭이 시작되는 구멍에 통과시켜 넣어줍니다.

9.

매듭의 중심이 되었던 두 가닥의 기둥 끈을 답비로 당겨와 매듭이 시작되는 구멍에 넣어줍니다.

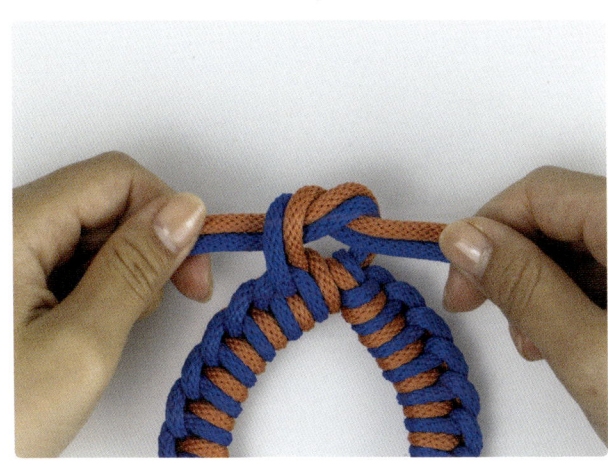

10.

단단하게 매듭을 지어줍니다.

11.

매듭짓고 남은 끈은 깔끔하게 자르고, 끈의 절단면을 라이터나 순간접착제로 마무리하면 전복술매듭으로 엮은 티코스터가 완성됩니다.

> Tip 나일론 소재의 끈은 라이터로, 가운데 심지가 있는 면 끈은 순간접착제로 마무리하는 것이 좋아요.

연봉매듭 키링

우리나라의 전통문화인 전통매듭은 과거에 일상생활에서 생활 용품으로 널리 쓰였다고 해요. 연꽃의 봉오리를 닮아서 이름 붙은 연봉매듭은 단추 대용으로도 사용되었기 때문에 단추매듭이라고도 불린답니다. 연봉매듭은 옛적부터 일상생활에서 잊지 않고 쓰던 매듭이지만, 일제 강점기와 산업화를 거치며 우리의 일상에서 많이 멀어져 버렸어요. 지금부터 키링을 만들어 우리의 일상으로 다시 연봉매듭을 데려와 보아요.

✽ 재료 소개

재료

사각끈(4.5mm) 50cm
금사 30cm
키링

도구

송곳
가위
순간접착제

• 재료 구매 TIP
사각끈이 없다면, 두꺼운 로프나 운동화끈을 활용해서 만들어도 괜찮습니다.

✽ 전통매듭 엮기

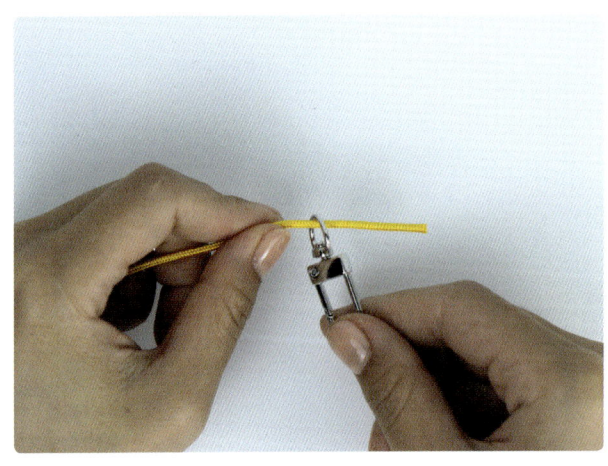

1.

50cm 길이의 사각끈과 키링을 준비합니다. 그다음 끈의 한쪽 끝을 키링에 넣어줍니다.

🌸Tip 매듭을 엮는 과정이 잘 보일 수 있도록 사각끈 대신 얇은 끈으로 엮어볼게요.

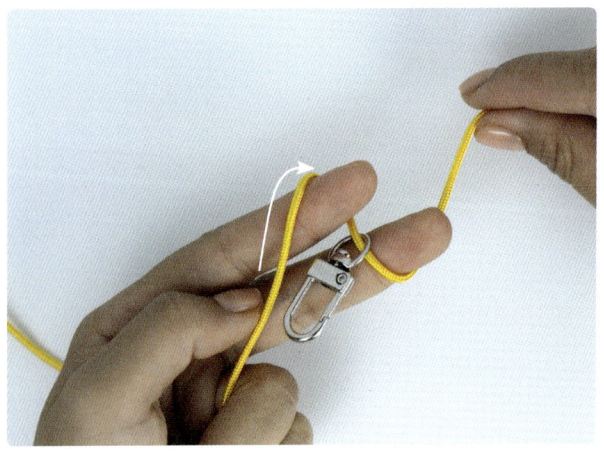

2.

왼쪽 끈을 잡고, 끈을 검지 뒤로 돌려 검지와 중지 사이에 키링이 오도록 해줍니다.

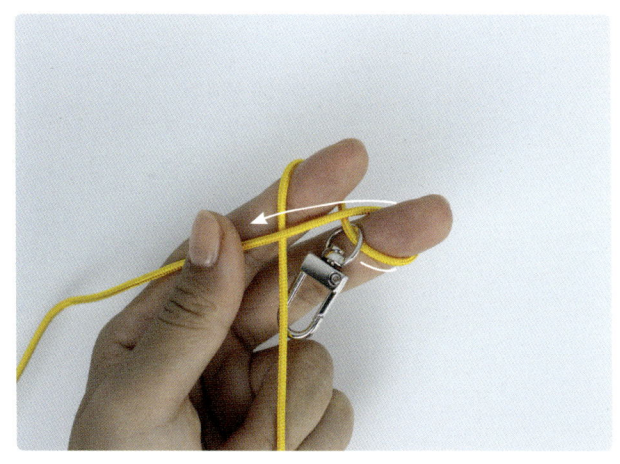

3.

오른쪽 끈으로 중지를 감으며 두 손가락 사이로 끈을 꺼내서 숫자 '8'이 누운 모양을 만듭니다.

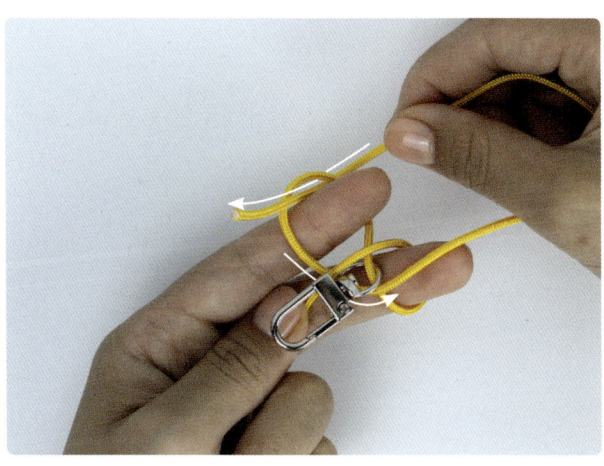

4.

잡고 있던 왼쪽 끈이 키링 아래를 지난 다음, 위로 올려서 검지 고리 바깥에서 안쪽으로 통과시켜 넣어줍니다.

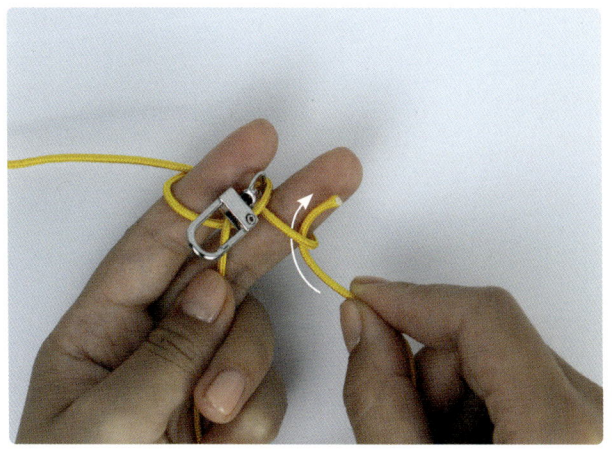

5.

이번에는 오른쪽 끈을 중지 고리에 아래에서 위로 통과시켜 넣어줍니다.

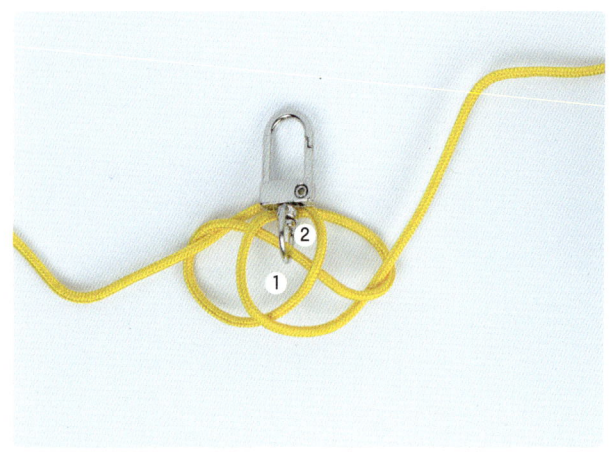

6.

매듭이 풀리지 않도록 조심스럽게 손에서 빼줍니다.

✿Tip 키링을 중심으로 가운데 두 개의 구멍 ❶번 ❷번을 확인해주세요.

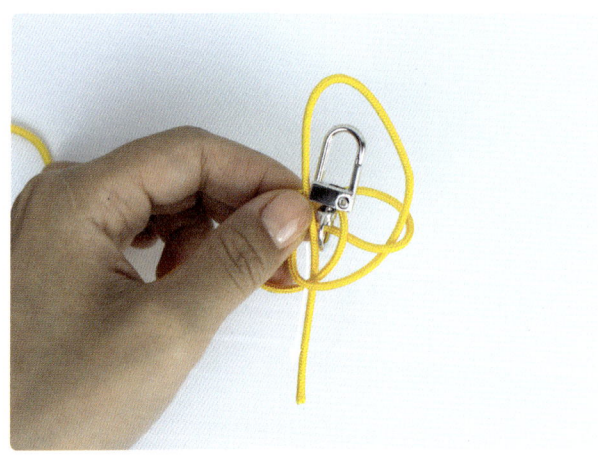

7.

오른쪽 끈을 키링 뒤로 돌려서 가운데 아래쪽 ❶번 구멍에 통과시켜 넣어줍니다.

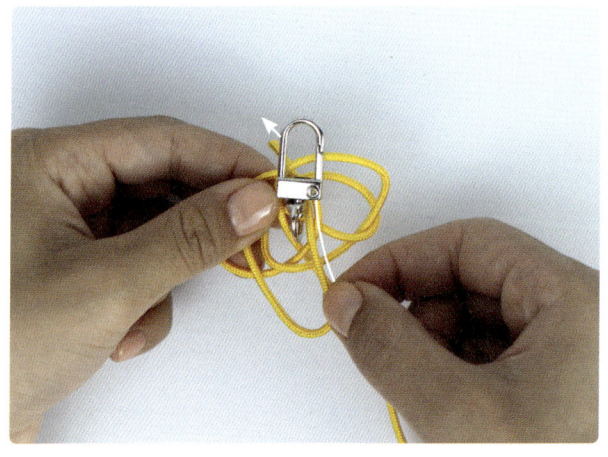

8.

왼쪽 끈은 키링 앞으로 돌려서 가운데 위쪽 ❷번 구멍에 통과시켜 넣어줍니다.

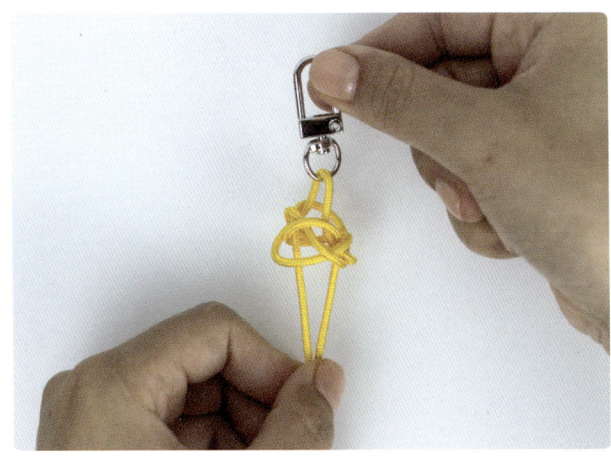

9.

한쪽 손으로 두 가닥의 끈을 잡고, 반대쪽 손으로는 키링을 잡아 천천히 당기며 매듭을 줄여줍니다.

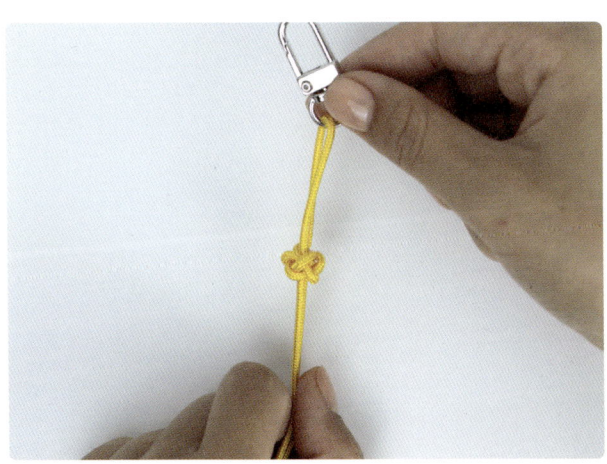

10.

송곳으로 끈의 흐름을 따라가며 매듭을 키링 쪽으로 붙여줍니다.

11.

꼬여 있는 사각끈을 바르게 풀어주면 연봉매듭이 완성됩니다.

12.

30cm 길이의 금사를 준비합니다. 그다음 금사의 한쪽 끝을 'U'자 형태로 만들고, 연봉매듭 아래쪽 끈과 함께 잡아줍니다.

* Tip 매듭을 엮는 과정이 잘 보일 수 있도록 금사 대신 다른 색상의 끈으로 엮어볼게요.

13.

금사를 'U'자 형태로 유지한 상태에서 반대쪽 긴 끈으로 앞에서 뒤로 한 바퀴 감아줍니다.

* Tip 왼손 엄지 끝으로 끈을 확실하게 눌러야 단단하게 감을 수 있어요.

14.

끈이 겹치지 않도록 8~10바퀴 감아주고 남은 끈을 고리에 넣어서 매듭을 짓습니다.

15.

오른쪽에 짧은 끈을 힘을 주어 당겨줍니다.

* Tip 왼쪽 매듭이 돌돌 감은 끈 속으로 들어가 완전히 가려질 때까지 당겨주세요.

16.

남은 금사는 깔끔하게 자르고, 끈의 절단면에 순간접착제를 소량 묻혀 마무리합니다. 그다음 사각끈도 원하는 길이로 잘라줍니다.

17.

연봉매듭으로 엮은 키링이 완성되었습니다.

당초매듭 팔찌와 반지

사랑스러운 하트 모양의 매듭을 본 당신은 이제부터 전통매듭의 매력에 푹 빠져들게 될 거예요. 당초매듭은 식물의 덩굴무늬 모양을 닮아 이름 붙은 매듭인데, 제 눈에는 하트로 보여요. 여러 개의 하트로 엮인 팔찌는 정말 로맨틱하죠? 당초매듭으로 엮은 반지는 또 얼마나 사랑스러운지 몰라요. 아이에서 어른까지 모두가 좋아할 만한 매듭 디자인이랍니다.

❁ 재료 소개

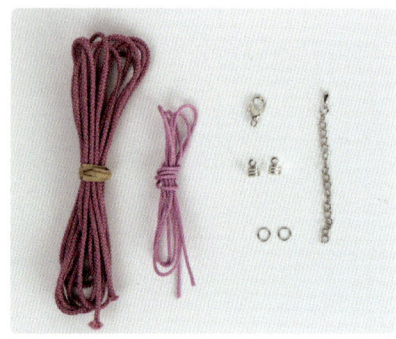

재료	도구
팔찌 : 끈소사 170cm	가위
반지 : 목걸이끈 40cm	순간접착제
고정 EYE(마무리 장식) 2개	평집게
게고리(잠금 장식) 1개	오링반지
꼬리체인(길이 조절 장식) 1개	답비
O링 2개	

❁ 전통매듭 엮기

1.

먼저 당초매듭 팔찌부터 엮어보겠습니다. 170cm 길이의 끈소사를 준비하고, 반으로 접어 왼손으로 잡아줍니다.

❋Tip 매듭을 엮는 과정이 잘 보일 수 있도록 두 가지 색상의 끈을 이어서 엮어볼게요.

2.

오른쪽 끈(보라색 끈)으로 둥근 고리를 하나 만들며 뒤로 돌려 알파벳 'P' 모양을 만듭니다.

3.

왼쪽 끈(노란색 끈)으로도 둥근 고리를 하나 만들며 앞으로 돌려 숫자 '9' 모양을 만듭니다.

4.

왼쪽 끈은 오른쪽 고리(보라색 고리)에 앞에서 뒤로 넣어주고, 오른쪽 끈은 왼쪽 고리(노란색 고리)에 뒤에서 앞으로 넣어줍니다.

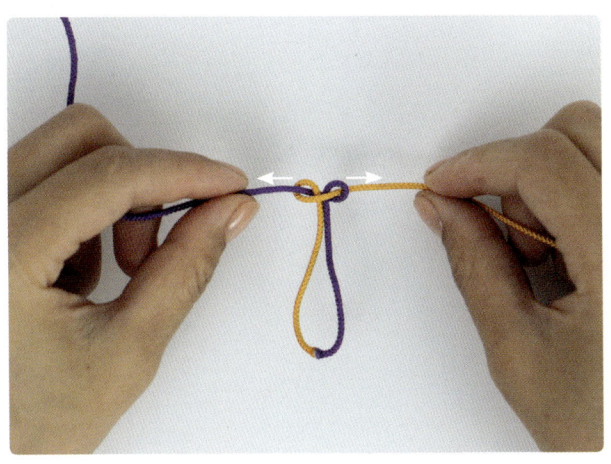

5.

양쪽으로 끈을 살짝 당겨 고리를 작게 줄여줍니다.

6.

오른쪽 끈(노란색 끈)을 매듭의 중심에 있는 두 가닥의 끈 위로 올리고, 왼손으로 잡아줍니다.

7.

왼쪽 끈(보라색 끈)이 오른쪽 끈(노란색 끈) 위를 지나서 매듭의 중심에 있는 두 가닥의 끈 위로 올린 뒤, 오른쪽 고리(노란색 고리) 뒤에서 앞으로 통과시켜 넣어줍니다.

8.

양쪽으로 끈을 힘껏 당겨서 줄이면, 당초 매듭 하나가 완성됩니다.

9.

8개의 당초매듭을 일정한 간격으로 엮어 줍니다.

*Tip 성인 여성을 기준으로 매듭을 엮었어요.

10.

양쪽 끈의 끝부분에 고정 EYE를 평집게로 눌러 마무리 장식을 넣어주고, 남은 끈을 깔끔하게 살라줍니다. 그다음 끈의 절단면에 순간접착제를 소량 묻혀 마무리합니다.

11.

게고리(잠금 장식)와 꼬리체인(길이 조절 장식)에 O링을 달아주고, 각각 고정 EYE에 연결하면 당초매듭으로 엮은 팔찌가 완성됩니다.

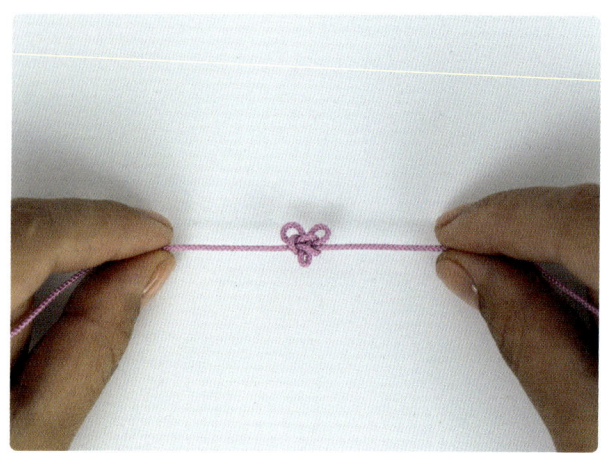

12.

이번에는 당초매듭 반지를 엮어보겠습니다. 40cm 길이의 목걸이끈을 준비하고, 당초매듭 하나를 엮어줍니다. 이때 매듭을 최대한 작게 줄여줍니다.

13.

당초매듭 양쪽의 두 끈을 모아 답비를 사용해 번데기매듭을 하나 엮어줍니다. 그 다음 남은 끈을 깔끔하게 잘라주고, 끈의 절단면에 순간접착제를 소량 묻혀 마무리하면 당초매듭으로 엮은 반지가 완성됩니다.

🌸Tip 번데기매듭은 26쪽을 참고하여 엮어주세요.

14.

당초매듭으로 엮은 팔찌와 반지가 완성되었습니다.

가락지매듭 팔찌

매듭의 중간에 가락지처럼 끼워 화려하게 장식할 때 주로 사용하는 가락지매듭은 매듭을 줄이는 정도에 따라 반지, 꽃, 둥근 공 등 여러 모양으로 만들 수 있습니다. 매듭 사이사이에 가락지매듭을 끼운 전통매듭 작품은 우아한 고전미를 풍긴답니다. 또한 공처럼 둥근 가락지매듭 사이로 반짝이는 은사를 엮으면 보석처럼 빛나는 매듭이 되죠. 가락지매듭과 담수진주를 함께 엮어 우아한 팔찌를 만들어보아요.

❋ 재료 소개

재료
꼰소사 250cm
은사 200cm
우레탄줄 30cm
담수진주

도구
가위
순간접착제
송곳

❋ 전통매듭 엮기

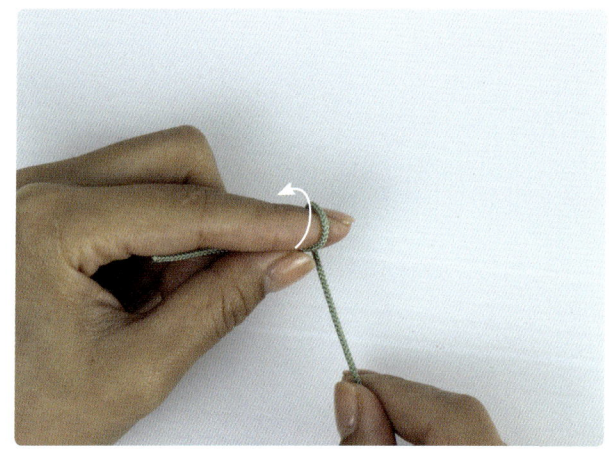

1.

50cm 길이의 꼰소사를 준비합니다. 그다음 한쪽 끈의 끝을 왼손으로 짧게 잡고, 왼손 검지에 앞에서 뒤로 한 바퀴 감아줍니다.

> Tip 가락지매듭 한 개를 엮는데 꼰소사 50cm가 필요해요. 250cm 길이의 꼰소사를 50cm로 잘라서 사용하세요.

2.

1번에서 감은 고리 왼쪽에 'X'자 모양이 되도록 한 바퀴 더 감아줍니다.

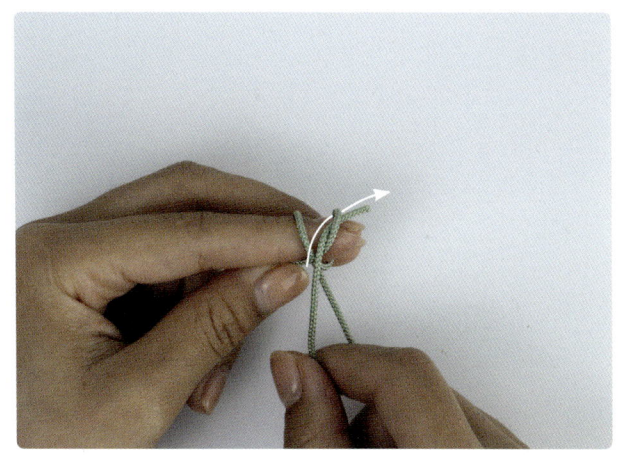

3.

오른손으로 잡고 있는 긴 끈을 검지의 두 고리 중심에서 오른쪽 고리에 통과시켜 넣어줍니다.

* Tip 끈소사 끝에 순간접착제를 발라주면 끈이 바늘처럼 단단해져서 매듭 사이를 더 쉽게 엮을 수 있어요.

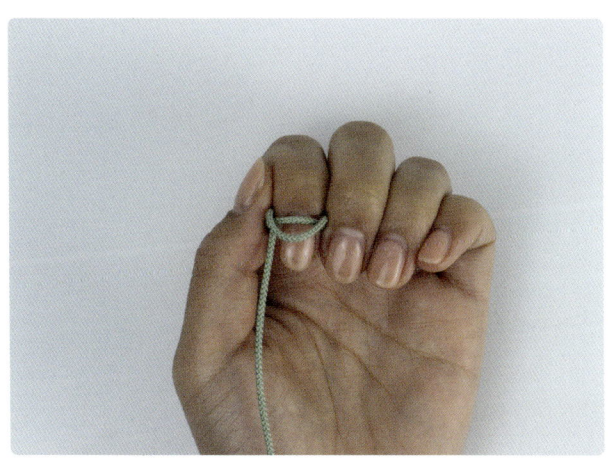

4.

왼손 주먹을 살짝 쥐어줍니다. 그다음 검지의 두 고리 중 위쪽에 있는 끈을 아래로 끌어내려 'U'자 모양이 되도록 잡아줍니다.

* Tip 'U'자 모양이 유지되도록 엄지와 검지로 양쪽에서 눌러 잘 잡아주세요.

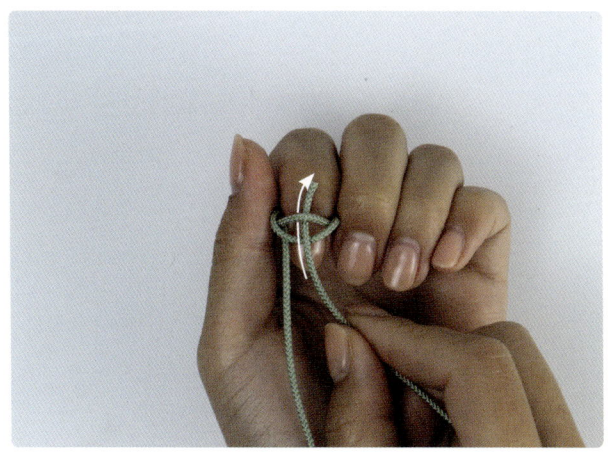

5.

긴 끈을 위쪽 고리에 통과시켜 넣어줍니다.

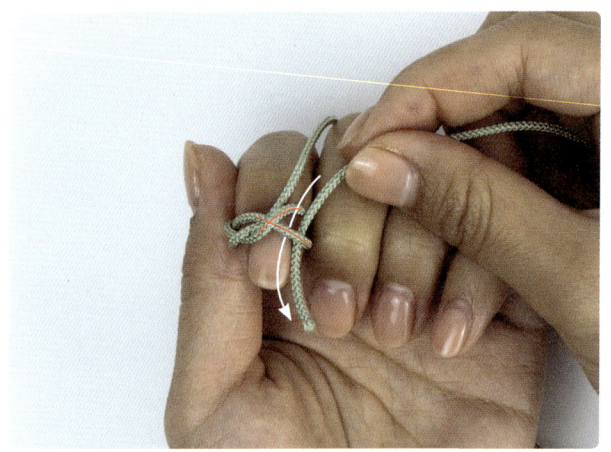

6.

중지로 누르고 있던 'X'자 고리에서 아래쪽에 위치한 고리에 위에서 아래로 통과시켜 넣어줍니다.

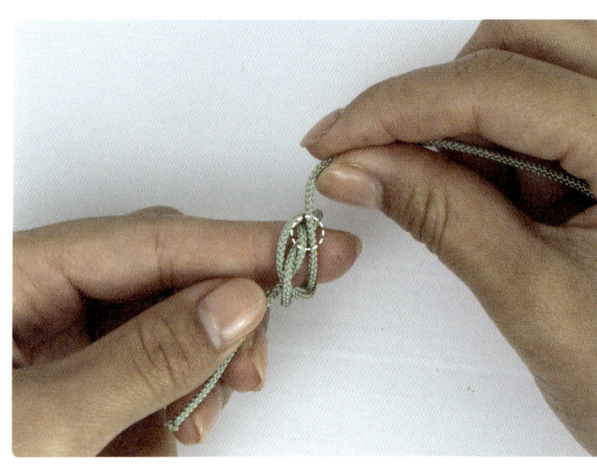

7.

다시 왼손 주먹을 펴고, 매듭의 시작점으로 돌아가서 먼저 엮은 끈과 긴 끈이 만나는 지점을 찾아줍니다.

8.

긴 끈을 먼저 엮은 끈 오른쪽에 붙여주고, 엮어져 있는 한 가닥의 끈을 나란히 따라갑니다.

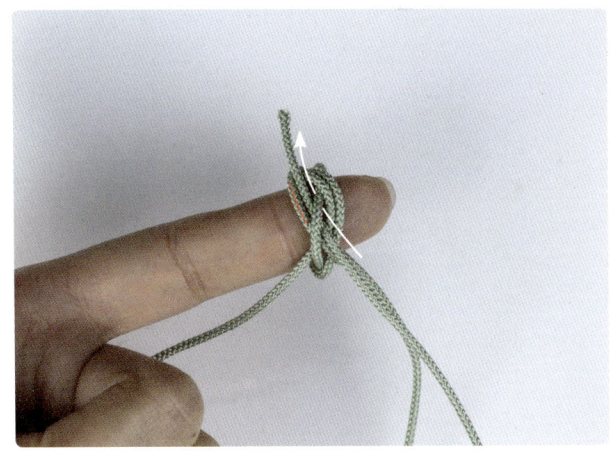

9.

검지에서 매듭을 빼지 않고, 계속 엮어져 있는 한 가닥의 끈을 나란히 따라가면서 모든 끈이 2가닥이 되도록 엮어줍니다.

10.

끈이 겹치지 않고 모든 끈이 2가닥이 되도록 엮었다면, 손가락에서 매듭을 조심스럽게 빼줍니다.

11.

끈의 흐름을 따라가며 송곳으로 매듭을 줄여주고, 잘 조여 모양을 만들면 가락지 매듭 하나가 완성됩니다.

12.

긴 끈을 엮은 마지막 지점을 송곳으로 넓혀 은사가 통과할 수 있는 길을 만들어줍니다.

13.

40cm 길이의 은사를 준비합니다. 그다음 은사를 두 가닥의 꼰소사 사이에 통과시켜 넣어줍니다.

- Tip 은사를 엮는 과정이 잘 보일 수 있도록 은사 대신 다른 색상의 끈으로 엮어볼게요.
- Tip 가락지매듭 한 개에 은사 40cm가 필요해요. 200cm 길이의 은사를 40cm로 잘라서 사용하세요.

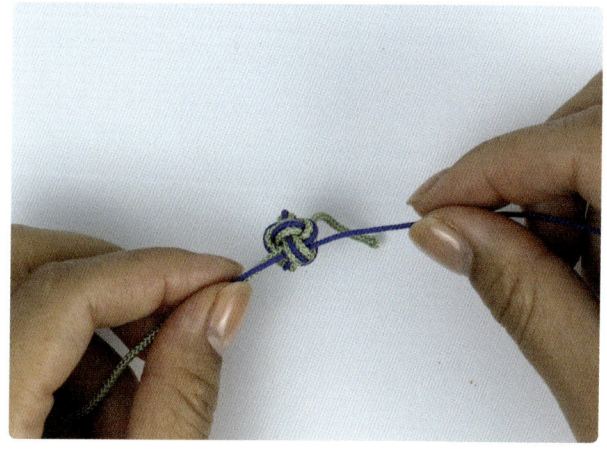

14.

계속해서 가락지매듭 두 가닥의 끈의 흐름을 따라가며 송곳으로 매듭 구멍을 넓히고, 은사를 통과시켜 엮어줍니다.

15.

매듭을 엮고 남은 꼰소사와 은사를 깔끔하게 잘라주면 반짝이는 은사와 함께 엮은 가락지매듭이 완성됩니다. 동일한 과정을 반복하여 총 5개의 가락지매듭을 만듭니다.

16.

우레탄줄을 준비합니다. 그다음 담수진주와 15번에서 만든 가락지매듭을 적절하게 섞어 우레단줄에 꿰어줍니다.

✿Tip 송곳으로 가락지매듭 사이의 구멍을 조금 넓혀주면 우레탄줄에 쉽게 꿸 수 있어요.

17.

담수진주와 가락지매듭을 우레탄줄에 적절하게 채웠다면, 우레탄줄을 총 세 번 매듭짓는데 두 번은 약하게 세 번째에는 세게 마무리 매듭을 지어줍니다.

✿Tip 처음부터 세게 매듭을 지으면 고무줄의 탄성 때문에 팔찌 사이즈가 작아져요.

18.

매듭짓고 남은 우레탄줄은 깔끔하게 잘라 줍니다. 그다음 매듭 끝에 순간접착제를 바르고, 매듭이 보이지 않도록 가락지매듭 속으로 넣어서 숨겨줍니다.

19.

가락지매듭으로 엮은 팔찌가 완성되었습니다.

오벌가락지매듭 배씨댕기

꽃잎이 네 개인 가락지매듭을 응용하여 엮는 오벌가락지매듭은 다섯 개의 선명한 꽃잎을 가진 것이 특징입니다. 지금부터 오벌가락지매듭으로 배씨댕기를 만들어보아요. 배씨댕기는 여자아이의 머리 장식인데, 오벌가락지매듭을 엮는 과정이 어렵지 않기 때문에 아이와 함께 만들어보면 오래 기억에 남는 추억이 될 거예요. 매듭을 작게 만들어 머리핀이나 브로치로 활용해도 예쁘답니다.

❈ 재료 소개

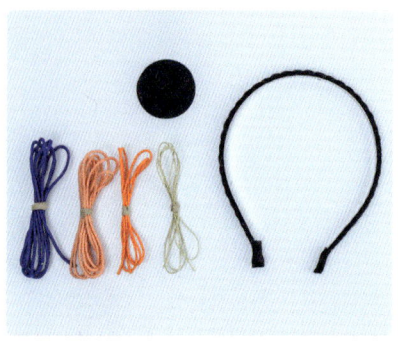

재료
중중사 110cm
중중사 140cm
끈소사 50cm
금사 30cm
머리 헤어밴드
원형 테이프(지름 5cm)

도구
송곳
가위
순간접착제
매듭풀
글루건

❈ 전통매듭 엮기

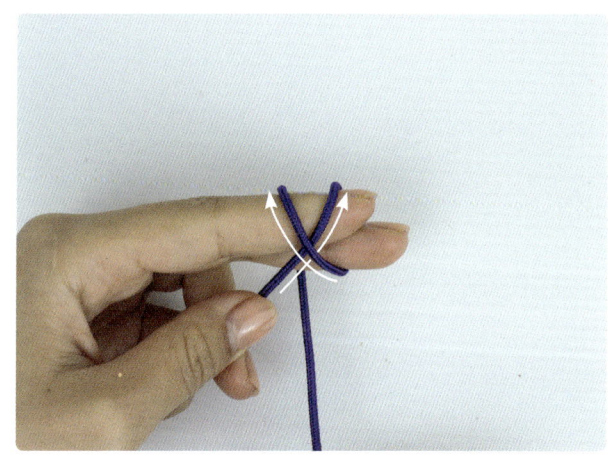

1.

110cm 길이의 중중사를 준비합니다. 그다음 한쪽 끈의 끝을 왼손으로 짧게 잡고, 왼손 검지와 중지에 앞에서 뒤로 'X'자 모양이 되도록 두 바퀴 감아줍니다.

❈ Tip 매듭을 크게 만들기 위해 두 손가락을 사용하여 감아줬어요.

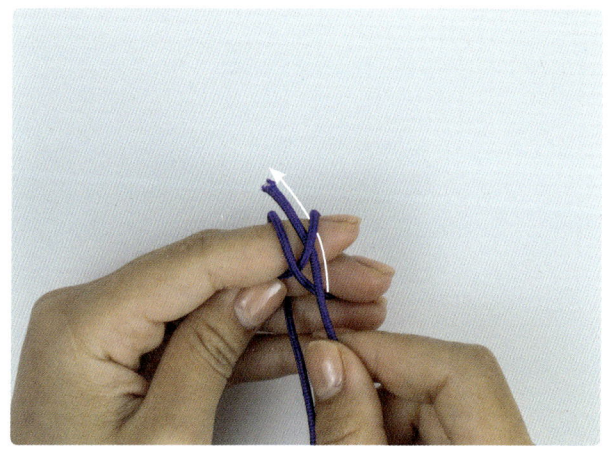

2.

오른손으로 잡고 있는 긴 끈을 'X'자 고리에서 오른쪽 고리에 밖에서 안으로 통과시켜 넣어줍니다.

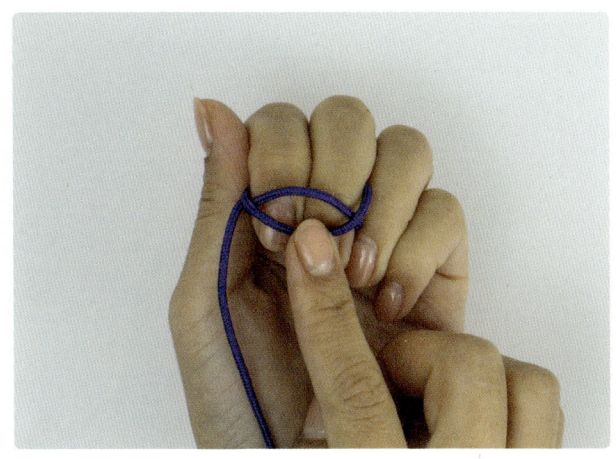

3.

왼손 주먹을 살짝 쥐어줍니다. 그다음 두 고리 중 위쪽에 있는 끈을 아래로 끌어내려 'U'자 모양이 되도록 잡아줍니다.

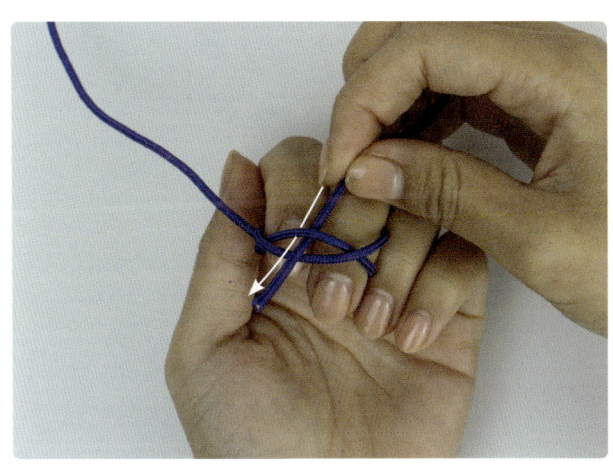

4.

긴 끈을 'U'자 모양의 고리 위쪽에 위치한 고리에 위에서 아래로 통과시켜 넣어줍니다.

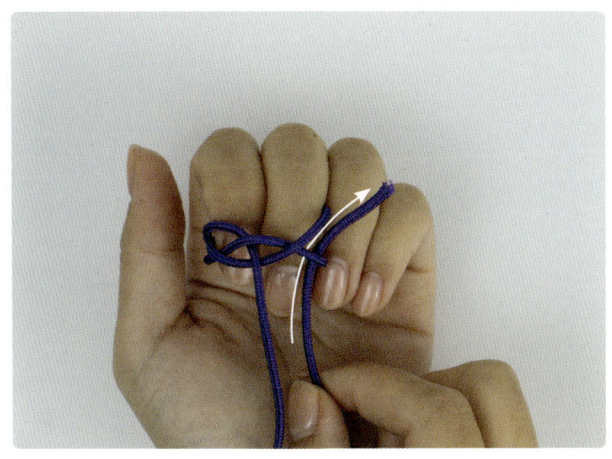

5.

긴 끈을 약지로 누르고 있던 'X'자 고리에서 아래쪽에 위치한 고리에 아래에서 위로 통과시켜 넣어줍니다.

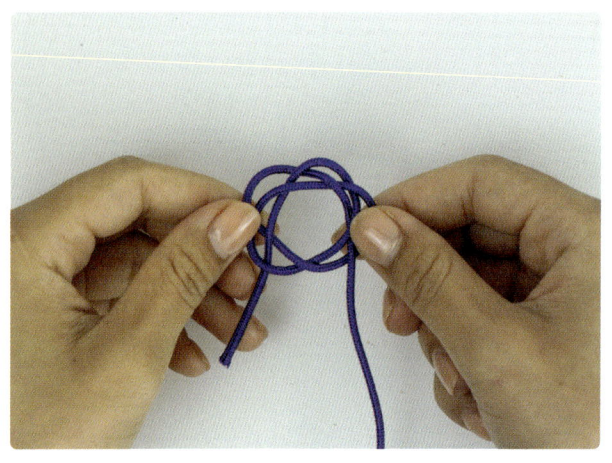

6.

매듭이 풀리지 않도록 손에서 조심스럽게 빼주고, 평평하게 펼쳐줍니다.

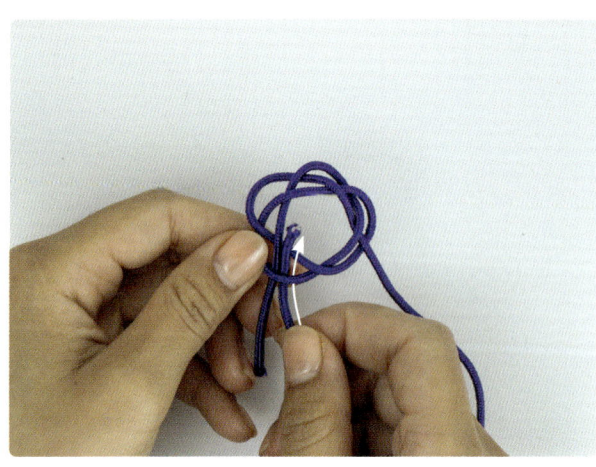

7.

매듭의 시작점을 찾아줍니다. 그다음 긴 끈을 먼저 엮은 끈 오른쪽에 붙여주고, 엮어져 있는 한 가닥의 끈을 나란히 따라가며 모든 끈이 3가닥이 되도록 엮어줍니다.

8.

끈이 겹치지 않고 모든 끈이 3가닥이 되도록 엮었다면, 끈의 흐름을 따라가며 송곳으로 매듭을 줄여줍니다. 그다음 잘 조여 모양을 만들면 오벌가락지매듭 하나가 완성됩니다.

9.

140cm 길이의 중중사를 준비하고, 이번에는 모든 끈이 4가닥이 되도록 오벌가락지매듭을 엮어줍니다. 그다음 매듭을 엮고 남은 끈은 깔끔하게 자르고, 끈의 절단면에 순간접착제를 소량 묻혀 마무리합니다. 두 개의 오벌가락지매듭은 매듭풀에 담가 고정합니다.

✽Tip 매듭풀을 만드는 방법과 사용법은 10쪽을 참고해주세요.

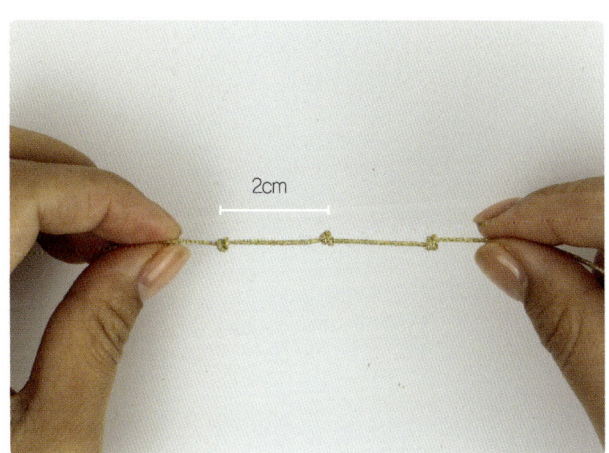

10.

30cm 길이의 금사를 준비합니다. 그다음 외도래매듭 8개를 2cm 간격으로 엮어줍니다.

✽Tip 외도래매듭은 20쪽을 참고하여 엮어주세요.

11.

2cm 길이로 외도래매듭을 잘라주고, 끈의 절단면에 순간접착제를 소량 묻혀줍니다. 외도래매듭으로 만든 꽃술 8개가 완성되었습니다.

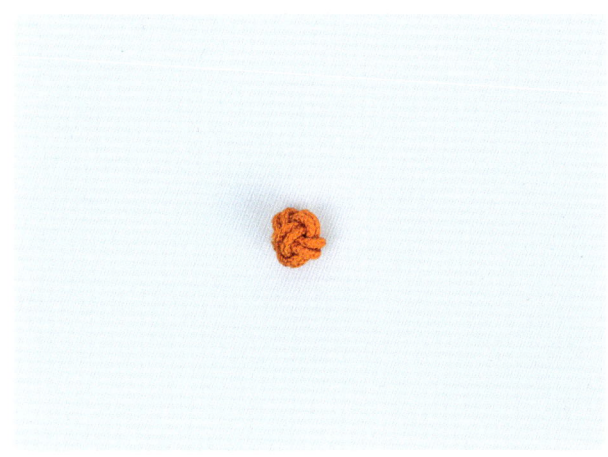

12.

50cm 길이의 끈소사를 준비하고, 가락지 매듭을 엮어줍니다.

※Tip 가락지매듭은 62쪽을 참고하여 엮어주세요.

13.

12번에서 만든 가락지매듭의 구멍을 송곳으로 넓혀주고, 11번에서 만든 외도래매듭 꽃술을 가락지매듭에 꽂아 소담스러운 꽃을 만들어줍니다.

14.

9번에서 만든 오벌가락지매듭과 13번에서 만든 가락지매듭 꽃을 글루건으로 차례대로 겹쳐서 붙여줍니다.

15.

벼머리 헤어밴드를 준비합니다. 그다음 14번에서 하나로 붙인 매듭을 글루건으로 헤어밴드 위에 붙여줍니다. 매듭 뒷면에는 원형 테이프를 깔끔하게 붙여 마무리합니다.

16.

오벌가락지매듭으로 엮은 배씨댕기가 완성되었습니다.

✤Tip 매듭 아래에 태슬이나 진주, 원석 장식을 달면 더욱 풍성한 배씨댕기를 연출할 수 있어요.

날개매듭 머리핀

나비매듭의 날개로 쓰이는 날개매듭은 서양 매듭에서도 '조세핀 매듭(josephin knot)'이라는 이름으로 존재하는 매듭 기법입니다. 우리나라에서 날개매듭은 남원 지방에서 내려오는 전통매듭이에요. 지금부터 날개매듭을 엮어 리본 모양의 머리핀을 함께 만들어보아요. 날개매듭 머리핀은 특히 반묶음 헤어스타일에 참 잘 어울린답니다. 책에서는 한 가지 색상의 끈으로만 매듭을 엮었지만, 두 가지 색상의 끈을 사용해서 날개매듭을 엮으면 더 화려한 머리핀을 만들 수 있어요.

❋ 재료 소개

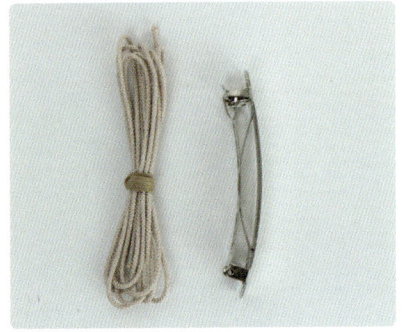

재료
꼰소사 420cm
자동핀

도구
가위
순간접착제
글루건
매듭풀

❋ 전통매듭 엮기

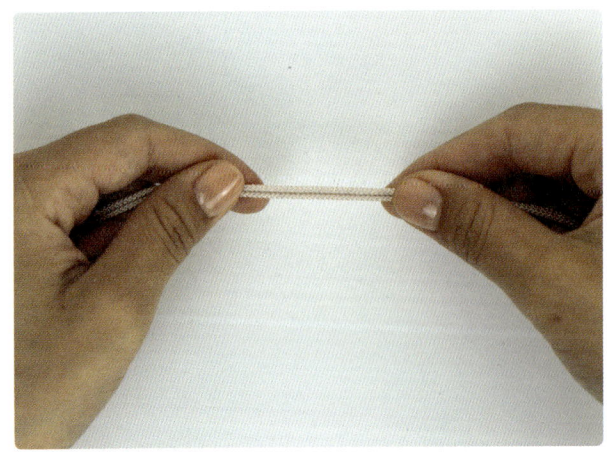

1.

420cm 길이의 꼰소사를 120cm, 60cm, 30cm 길이로 각각 2줄씩 잘라서 준비합니다.

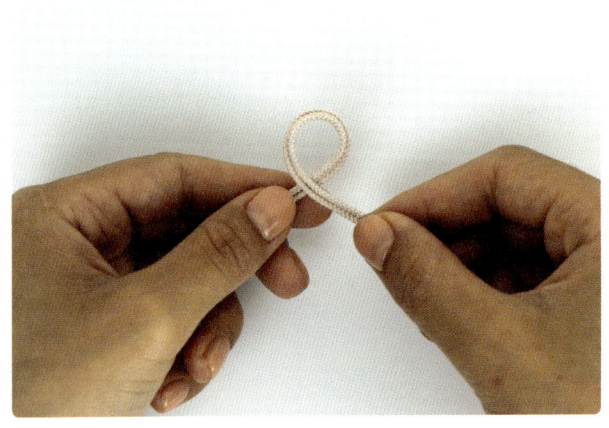

2.

120cm 길이의 꼰소사를 먼저 준비합니다. 그다음 120cm 길이의 꼰소사를 반으로 접어서 두 가닥을 만들고, 두 가닥을 동시에 둥글게 말아 고리를 하나 만들어 잡아줍니다.

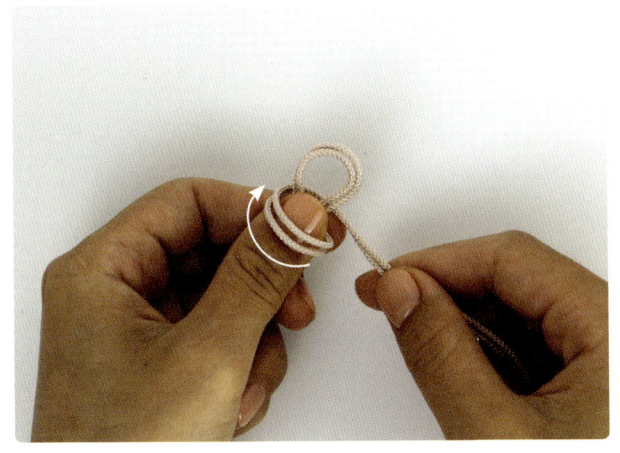

3.

오른쪽 끈을 왼손 엄지손톱 앞에서 뒤로 한 바퀴 감아줍니다.

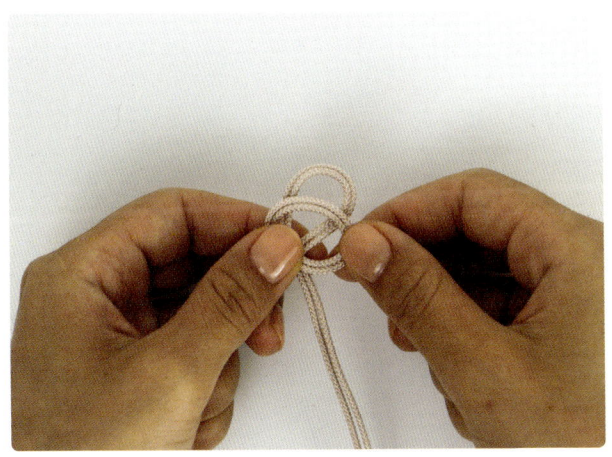

4.

그대로 왼손 엄지를 고리에서 빼면, 두 개의 동그란 고리가 겹쳐진 형태가 됩니다.

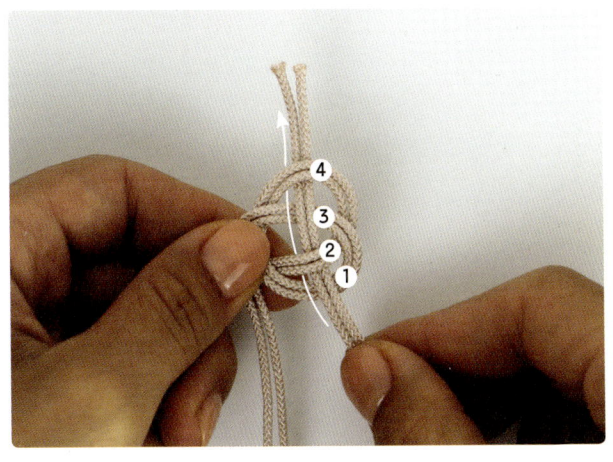

5.

두 가닥 끈의 끝을 고리의 아래쪽부터 넣어주는데, ❶(위쪽으로 통과) → ❷(아래쪽으로 통과) → ❸(위쪽으로 통과) → ❹(아래쪽으로 통과) 순으로 통과시켜 넣어줍니다.

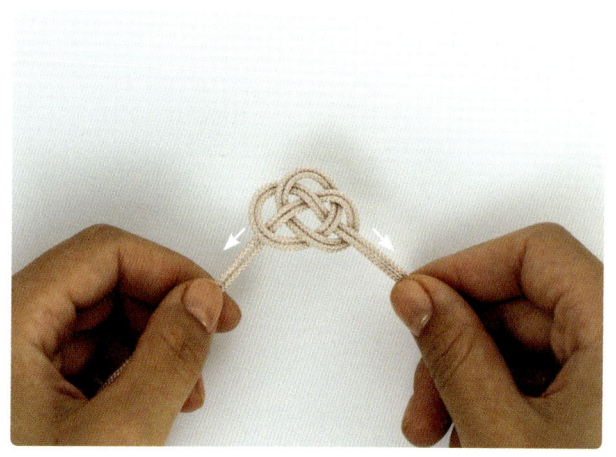

6.

꼬여 있는 끈을 평평하게 정리하고, 양쪽 끈을 살짝 당겨 매듭을 줄이면 날개매듭 하나가 완성됩니다.

Tip 매듭 사이에 끈소사 한 가닥을 더 엮을 수 있을 정도로 여유 있게 줄여주세요.

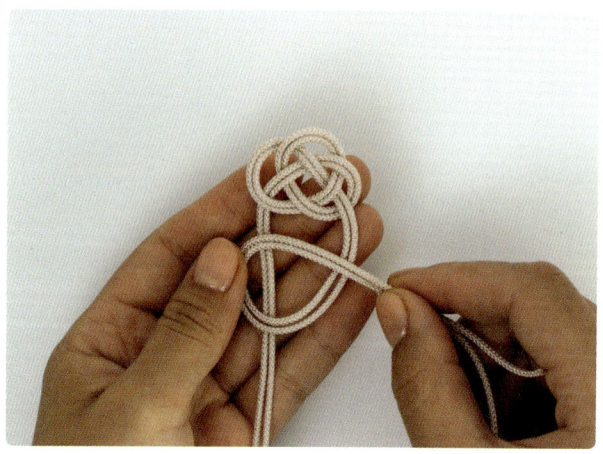

7.

오른쪽 끈을 둥글게 말아 왼쪽 끈 위로 올리고, 고리를 하나 만들어 왼손으로 잡아줍니다.

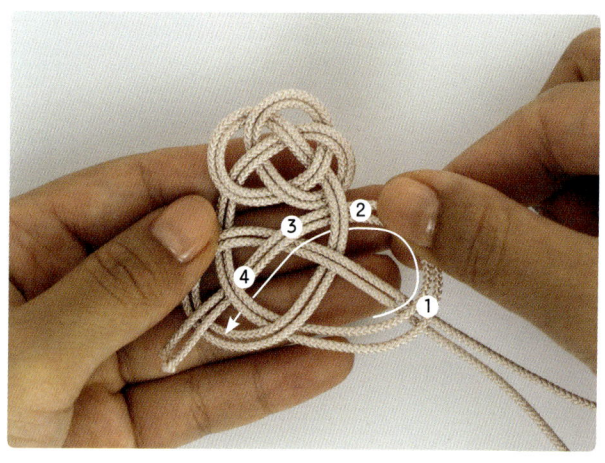

8.

왼쪽 끈을 7번에서 오른쪽 끈으로 만든 고리에 넣어주는데, ❶(위쪽으로 통과) → ❷(아래쪽으로 통과) → ❸(위쪽으로 통과) → ❹(아래쪽으로 통과) 순으로 통과시켜 넣어줍니다.

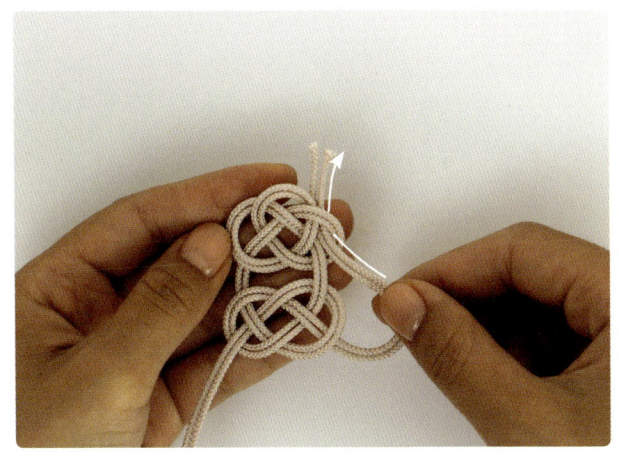

9.

오른쪽 끈을 6번에서 처음 만들었던 날개매듭의 오른쪽 고리에 통과시켜 넣어줍니다.

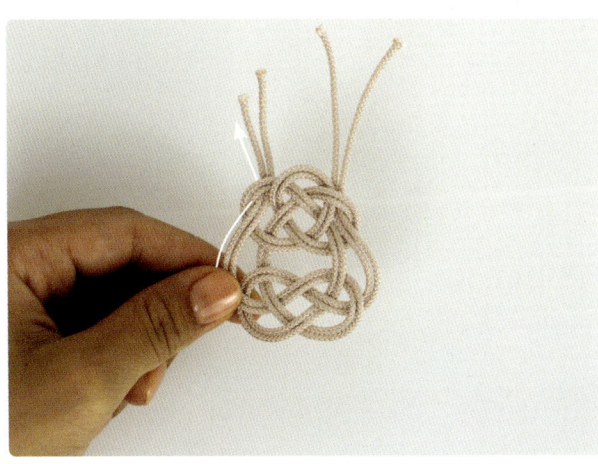

10.

왼쪽 끈도 6번에서 처음 만들었던 날개매듭의 왼쪽 고리에 통과시켜 넣어줍니다.

11.

60cm 길이의 끈소사를 준비합니다. 그다음 매듭의 시작점부터 오른쪽으로 따라가며 엮어줍니다.

※Tip 매듭을 엮는 과정이 잘 보일 수 있도록 다른 색상의 끈소사로 엮어볼게요.

12.

끈이 겹치지 않고 모든 끈이 3가닥이 되도록 매듭의 오른쪽으로 나란히 따라가며 엮어줍니다.

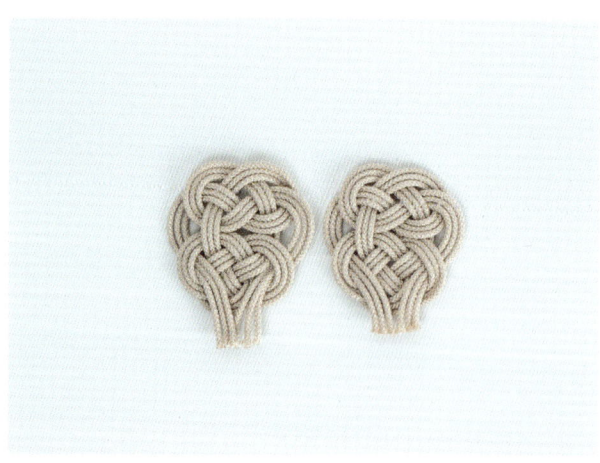

13.

매듭을 엮고 남은 끈은 5mm 정도의 여유를 남기고 잘라줍니다. 그다음 끈의 절단면에 순간접착제를 소량 묻혀 마무리하면 3가닥으로 엮은 날개매듭이 완성됩니다. 2~12번 과정을 반복하여 날개매듭을 하나 더 엮어줍니다.

14.

글루건을 준비하고, 두 개의 날개매듭을 겹쳐 붙여서 머리핀 모양을 만들어줍니다. 그다음 매듭풀에 담가 고정합니다.

✻Tip 매듭풀을 만드는 방법과 사용법은 10쪽을 참고해주세요.

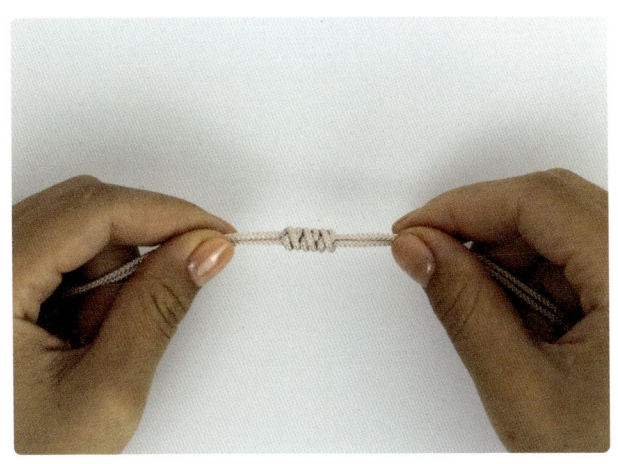

15.

30cm 길이의 끈소사 2줄을 준비합니다. 그다음 두 가닥의 끈으로 도래매듭 세 개를 연달아 엮어줍니다. 도래매듭을 엮고 남은 끈은 깔끔하게 잘라줍니다.

✿Tip 도래매듭은 32쪽을 참고하여 엮어주세요.

16.

날개매듭의 절단면이 가려지도록, 두 개의 날개매듭 중심에 15번에서 엮은 도래매듭을 붙여 예쁜 머리핀을 만들어줍니다.

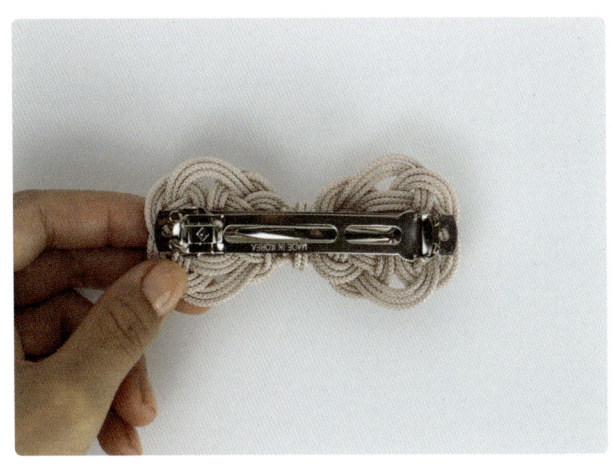

17.

날개매듭 뒷면에 자동핀을 붙이면, 날개매듭으로 엮은 머리핀이 완성됩니다.

생쪽매듭 안경줄&마스크줄

생쪽매듭은 생강의 쪽 모양을 닮아서 붙여진 이름으로 환희의 의미를 지니고 있습니다. 매듭의 가운데가 우물 정(井)자의 모양이라 하여, '정자(井字)매듭'이라고도 불립니다. 생쪽매듭으로 엮어 만든 안경줄은 패션 아이템으로 착용하면 아주 멋스럽죠. 또한 실내에서 잠시 안경이나 선글라스를 벗을 때, 목에 걸 수 있어 편하답니다. 실리콘 안경걸이를 떼면 마스크줄이나 목걸이로도 활용할 수 있어 그 쓰임새가 다양한 생쪽매듭 안경줄&마스크줄을 함께 엮어보아요.

❖ 재료 소개

재료
목걸이끈 220cm
구슬 13개
게고리 2개
O링 2개
실리콘 안경걸이 2개

도구
송곳
가위
평집게
오링반지

❖ 전통매듭 엮기

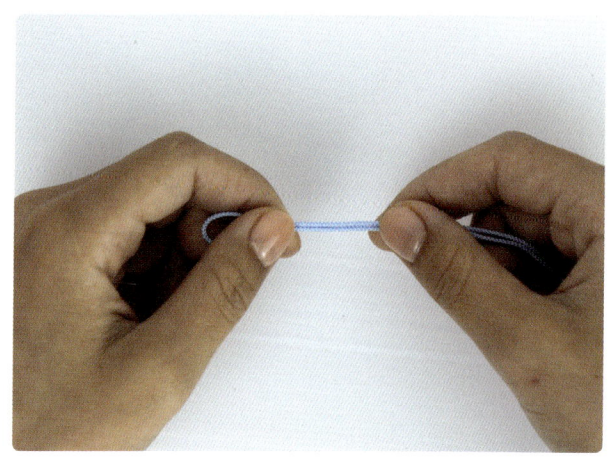

1.

220cm 길이의 목걸이끈을 준비합니다. 그다음 끈의 한쪽 끝에서 30cm 지점을 접어서 잡아줍니다.

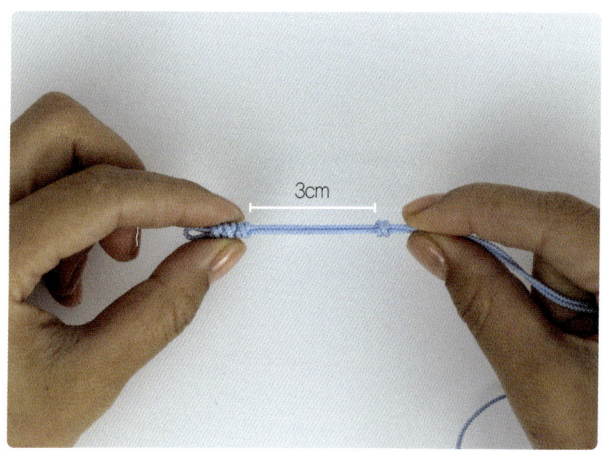

2.

접은 끈의 끝부분에 도래매듭 세 개를 연달아 엮어주고, 고리를 작게 남겨둡니다. 그다음 3cm 간격을 띄우고 도래매듭 하나를 더 엮어줍니다.

Tip 도래매듭은 32쪽을 참고하여 엮어주세요.

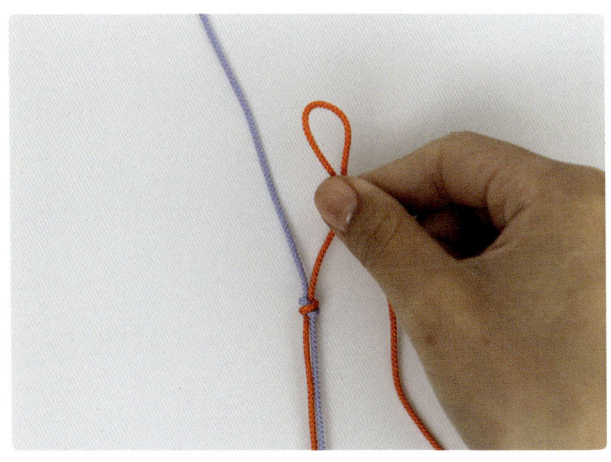

3.

2번에서 엮은 도래매듭이 아래쪽을 향하도록 두고, 오른쪽 끈으로 고리를 하나 만들어 잡아줍니다.

✿Tip 매듭을 엮는 과정이 잘 보일 수 있도록 두 가지 색상의 끈을 엮어서 준비했어요.

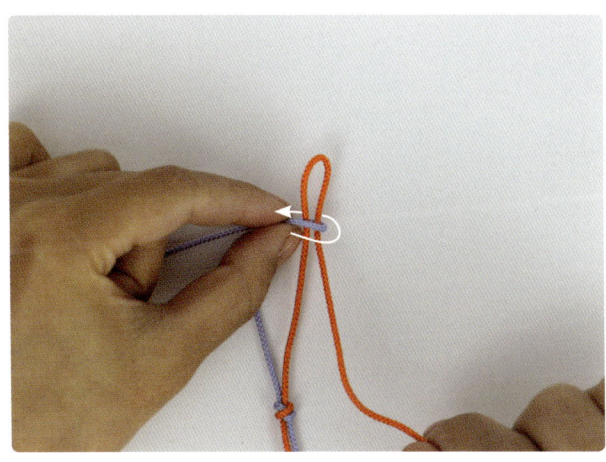

4.

왼쪽 끈으로 오른쪽 고리를 앞에서 뒤로 한 바퀴 감아 짧게 잡아줍니다.

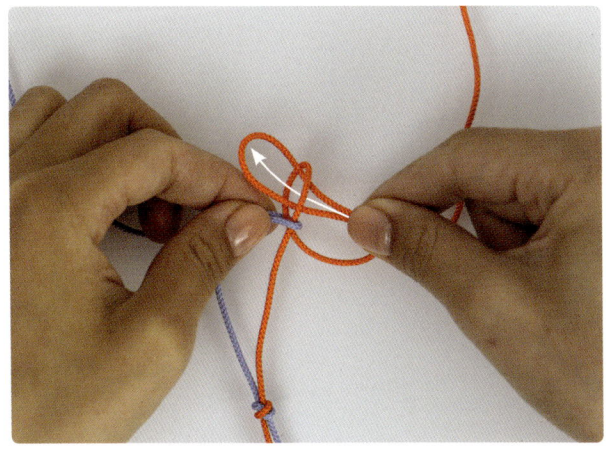

5.

다시 오른쪽 끈으로 고리를 하나 더 만들고, 3번에서 처음 만든 고리에 통과시켜 넣어줍니다.

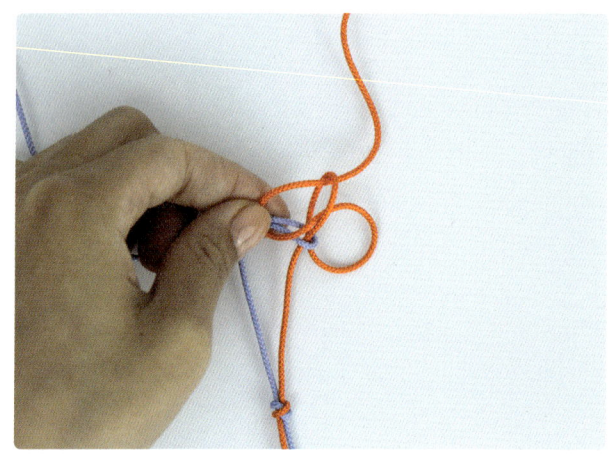

6.

5번에서 통과시킨 고리를 왼손으로 고리를 감으며 잡고 있는 두 가닥의 끈 위로 올리고, 풀리지 않도록 잘 잡아줍니다.

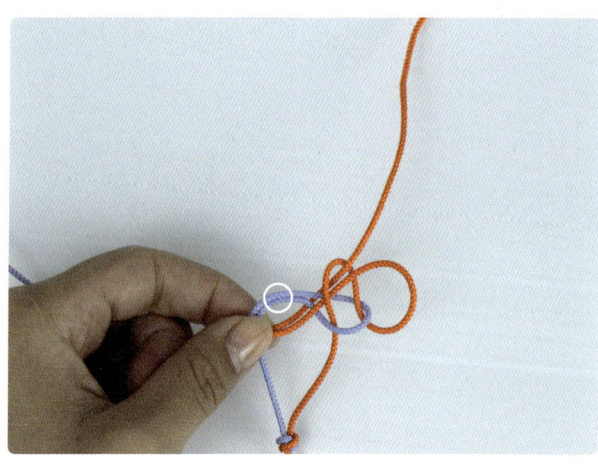

7.

왼손으로 잡고 있는 두 가닥의 끈(하늘색 끈)을 고리 위로 살짝 꺼내서 잡아줍니다.

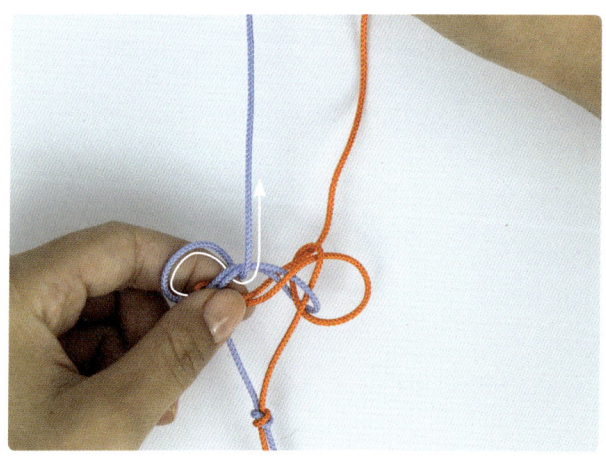

8.

왼쪽 끈을 뒤에서 앞으로 통과시켜 넣어줍니다.

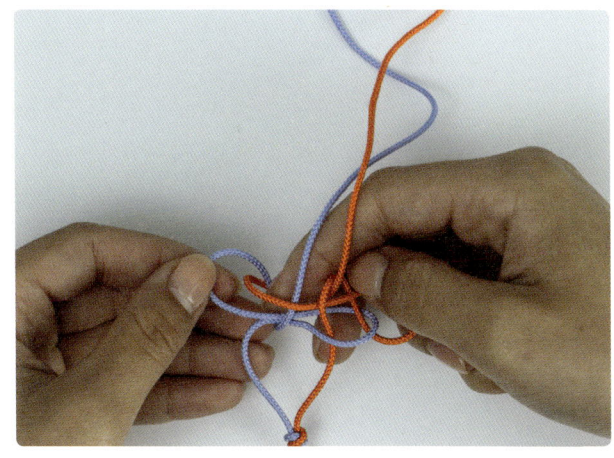

9.

7번에서 위로 꺼낸 두 가닥의 끈(하늘색 끈)을 다시 주황색 고리(오른쪽 고리) 사이로 밀어 내려줍니다.

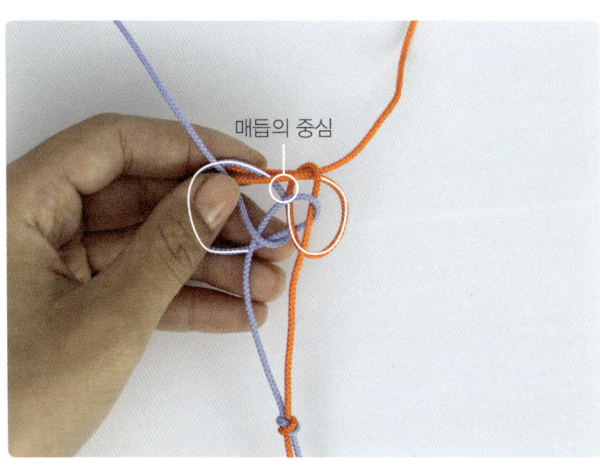

10.

매듭에서 양쪽 날개가 되는 부분을 찾고, 매듭의 중심 부분을 왼손 엄지와 검지로 살짝 잡아줍니다.

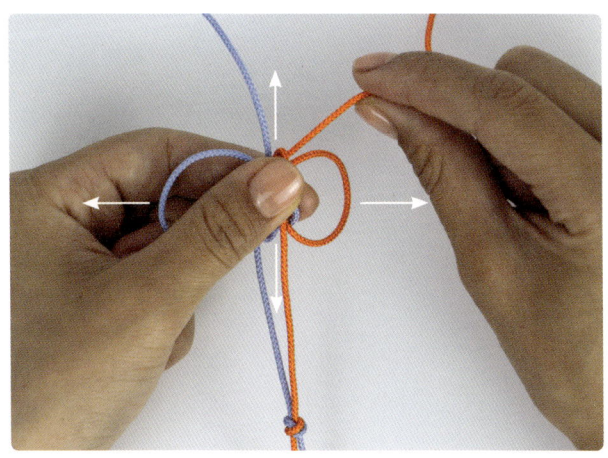

11.

오른손으로 네 방향의 끈을 모두 당겨서 매듭을 줄여줍니다.

* Tip 한 번에 줄이지 말고 여러 번 반복해서 조금씩 매듭을 줄여주세요.

12.

매듭의 가운데가 우물 정(井)자의 모양이 되었다면, 생쪽매듭 완성입니다.

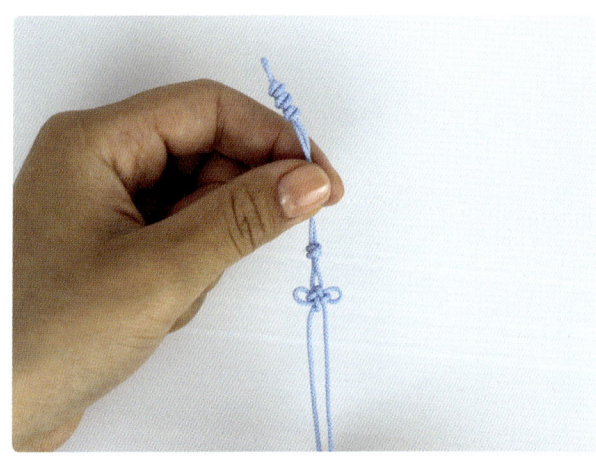

13.

매듭의 중심부터 끈의 흐름을 따라가며 송곳으로 생쪽매듭의 크기를 작게 줄여주고, 2번에서 엮었던 도래매듭 가까이에 붙여줍니다.

14.

생쪽매듭 옆에 도래매듭 하나를 더 엮고, 도래매듭을 엮고 남은 짧은 끈 한 줄은 깔끔하게 잘라줍니다.

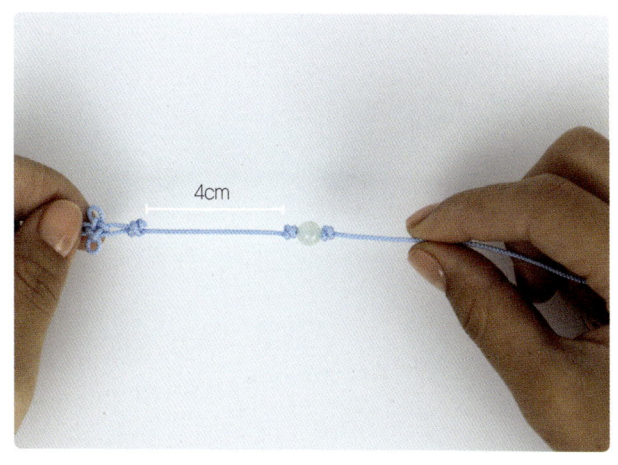

15.

4cm 정도 간격을 띄우고, 외도래매듭을 하나 엮어줍니다. 그다음 구슬 하나를 넣고, 그 옆에 외도래매듭을 하나 더 엮어줍니다. 이 과정을 13번 반복하여 총 13개의 구슬을 꿰어서 안경줄의 모양을 만들어 나갑니다.

✽Tip 외도래매듭은 20쪽을 참고하여 엮어주세요.

16.

반대쪽 끈에도 1~14번 과정을 반복하여 도래매듭과 생쪽매듭을 엮어줍니다. 그다음 끈의 양 끝 고리에 평집게와 오링반지를 사용하여 O링으로 연결한 게고리를 달아줍니다.

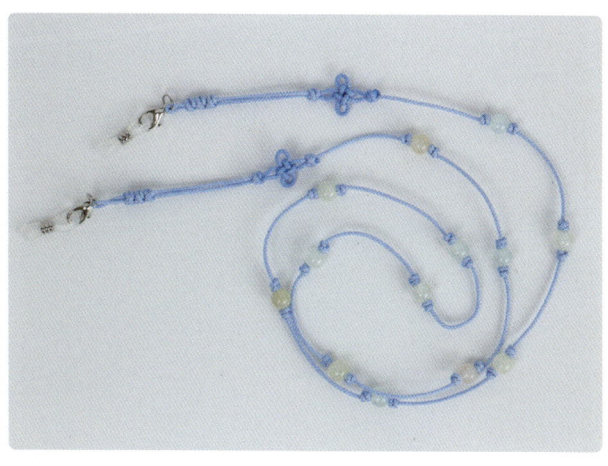

17.

게고리에 실리콘 안경걸이를 연결하면, 생쪽매듭으로 엮은 안경줄이 완성됩니다. 실리콘 안경걸이를 떼고 마스크줄로 활용해도 아주 좋습니다.

3장 | 섬세하게 엮는,
전통매듭

매화매듭 월행잉

고결함을 상징하는 매화매듭은 화려하면서도 깨끗한 느낌을 지니고 있습니다. 매화가 지닌 의미 때문에 예로부터 여자들의 저고리에 다는 노리개에 주로 매화매듭을 사용했다고 하는데요. 지금부터 매화꽃을 닮은 매화매듭을 엮어 집안 곳곳에 특별한 장식을 더해보는 건 어떨까요? 매화꽃이 활짝 개화한 듯 아름다운 매화매듭 월행잉을 허전한 벽에 걸어주면, 공간을 따듯하게 채워주고 분위기도 한층 그윽해진답니다.

❋ 재료 소개

재료

끈소사 : 회색 200cm
　　　　베이지색 340cm
　　　　크림색 340cm
　　　　노란색 210cm
메탈링
마크라메용 골드볼

도구

가위
송곳
답비
순간접착제
매듭풀

❋ 전통매듭 엮기

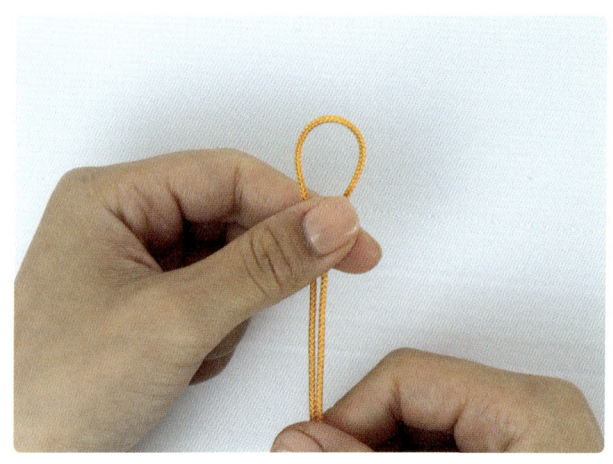

1.

210cm 길이의 노란색 끈소사를 준비합니다. 그다음 노란색 끈소사를 180cm 길이로 자르고, 반으로 접어줍니다.

2.

메탈링을 준비합니다. 그다음 1번에서 반으로 접은 노란색 끈소사를 메탈링 뒤에서 앞으로 통과하여 넣어주고, 고리 사이로 나머지 두 가닥 끈을 넣어서 매듭을 맺어줍니다.

3.

2번에서 맺은 매듭 2cm 아래에 도래매듭 하나를 엮어줍니다.

✽Tip 도래매듭은 32쪽을 참고하여 엮어주세요.

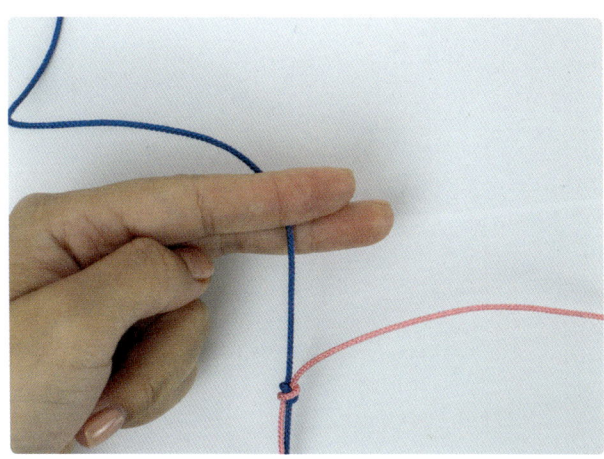

4.

3번에서 엮은 도래매듭이 아래쪽을 향하도록 두고, 왼손 검지와 중지로 왼쪽 끈을 잡아줍니다.

✽Tip 매듭을 엮는 과정이 잘 보일 수 있도록 두 가지 색상의 끈을 엮어서 준비했어요.

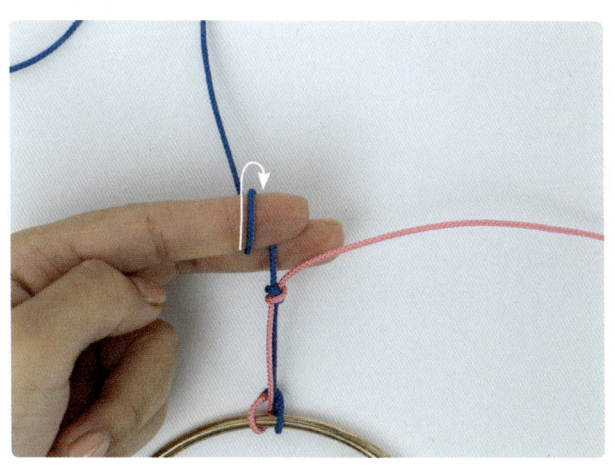

5.

왼쪽 끈을 왼손 검지 앞에서 뒤로 한 바퀴 감아 고리를 하나 만들어줍니다.

6.

오른쪽 끈을 크게 말아서 고리를 하나 만들고, 도래매듭 오른쪽에 둡니다. 고리를 만들고 남은 끈은 뒤로 넘겨줍니다.

✱Tip 매듭이 풀리지 않도록 왼손 엄지로 도래매듭과 오른쪽 끈(분홍색 끈)을 함께 눌러 고정시키고, 오른쪽 큰 고리의 윗부분을 오른손으로 잡아주세요.

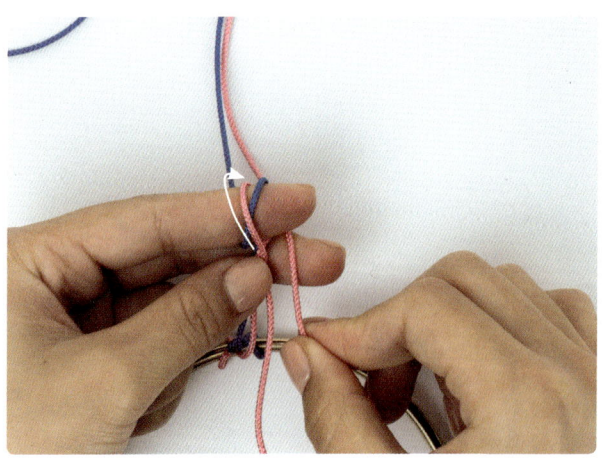

7.

오른쪽 큰 고리를 왼손 검지에 감겨있는 고리 왼쪽에 앞에서 뒤로 한 바퀴 감아 검지에 고리를 하나 더 만들어줍니다.

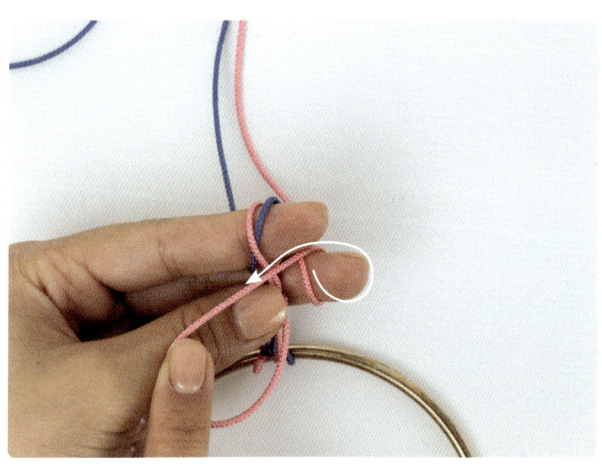

8.

그대로 오른쪽 큰 고리를 중지에도 뒤에서 앞으로 한 바퀴 감아줍니다.

✱Tip 숫자 '8'의 모양을 그린다고 생각하며 끈을 감아주면 쉬워요.

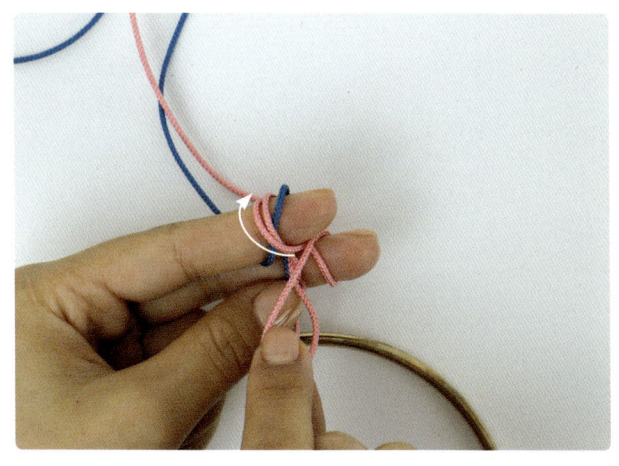

9.

다시 왼손 검지에 감겨있는 두 고리의 왼쪽에 앞에서 뒤로 한 바퀴 감아줍니다.

✿Tip 숫자 '8'을 그린다고 생각하며 감아주는데, 이때 검지에 고리 순서가 바뀌지 않도록 주의해주세요.

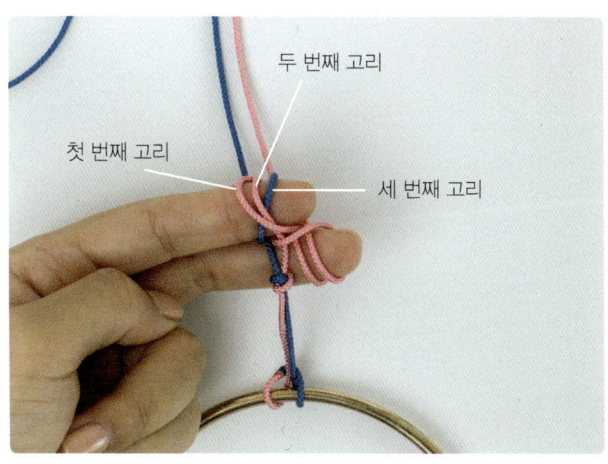

10.

남은 오른쪽 고리는 그대로 중지에 걸어줍니다. 검지에 세 개의 고리, 중지에 두 개의 고리가 있는 것을 잘 확인합니다.

✿Tip 손가락 뒤에 남은 끈을 당겨서 잘 정리하고, 고리들은 엄지로 잘 고정해주세요.

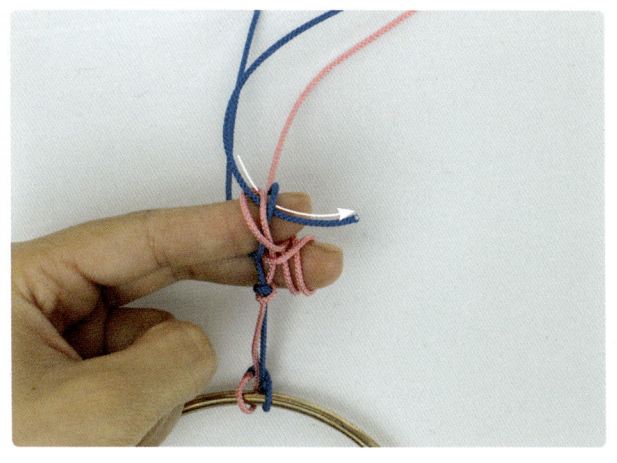

11.

왼쪽 끈을 검지의 첫 번째 고리를 제외한 두 번째와 세 번째 고리에 왼쪽에서 오른쪽으로 통과시켜 넣어줍니다.

✿Tip 이때 생기는 고리는 매화매듭의 꽃잎이 될 것이기 때문에, 끈을 끝까지 당기지 말고 고리를 조금 크게 남겨주세요.

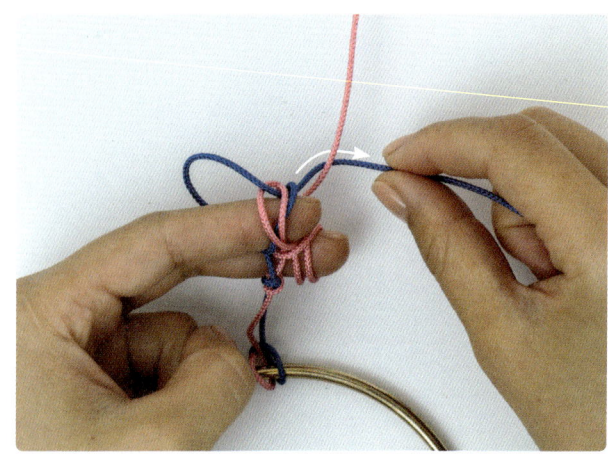

12.

검지 두 개의 고리에 통과시킨 왼쪽 끈이 오른쪽 끈(분홍색 끈) 아래를 지나도록 해 줍니다.

🟣Tip 이 과정에서 많은 분들이 왼쪽 끈이 오른쪽 끈 위로 지나가는 실수를 해요. 꼭 왼쪽 끈이 오른쪽 끈 아래를 지나도록 해주세요.

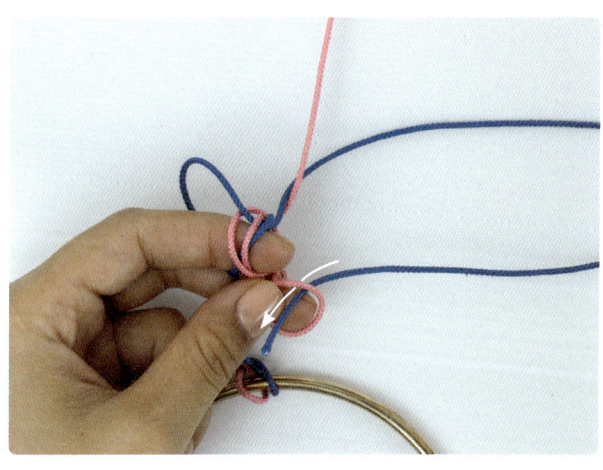

13.

12번에서 가져온 왼쪽 끈을 중지 앞쪽 고리에 뒤에서 앞으로 통과시켜 넣어줍니다.

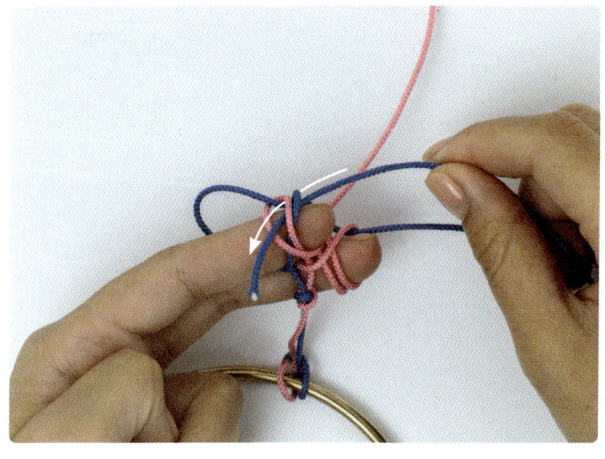

14.

중지 고리에 통과시킨 왼쪽 끈을 다시 왼손 검지 두 번째와 세 번째 고리에 이번에는 오른쪽에서 왼쪽으로 통과시켜 넣어줍니다.

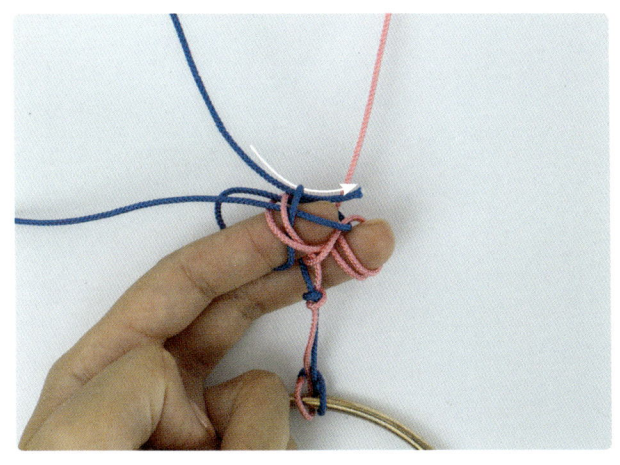

15.

이번에는 왼손 검지 세 번째 고리에만 왼쪽에서 오른쪽으로 통과시켜 넣어주고, 이때 끈을 끝까지 당기지 말고 꽃잎이 될 고리를 조금 크게 남겨줍니다.

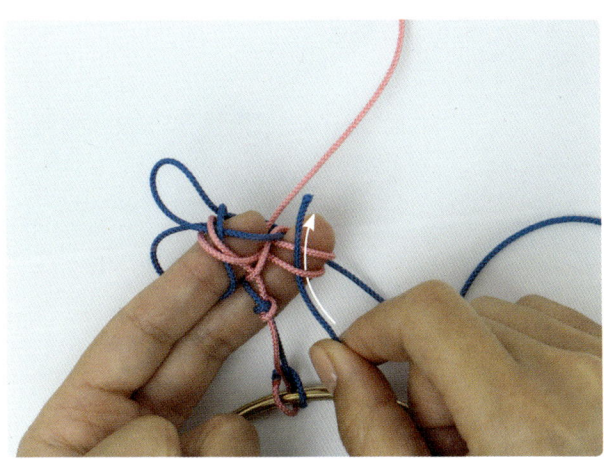

16.

12번과 마찬가지로 왼쪽 끈이 오른쪽 끈(분홍색 끈) 아래를 지나, 이번에는 중지의 뒤쪽 고리에 아래에서 위로 통과시켜 넣어줍니다.

17.

왼손 검지 앞쪽에 아래를 향하고 있는 고리에 먼저 통과시켜 넣어주고, 그다음 왼손 검지 세 번째 고리에도 통과시켜 넣어줍니다.

✿Tip 꼭 고리 두 개에 모두 통과시켜 넣어주세요.

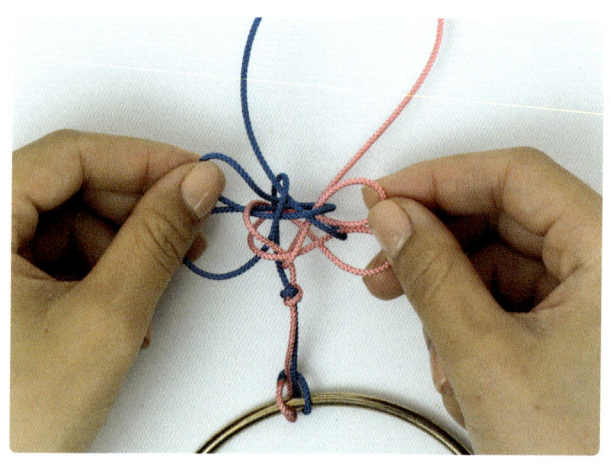

18.

매듭이 풀리지 않도록 천천히 손에서 빼고, 네 개의 꽃잎을 찾아 천천히 당기며 매듭을 줄여줍니다.

🌸Tip 오른쪽 꽃잎은 처음 중지에 감았던 두 개의 고리이고, 왼쪽 꽃잎은 매듭을 엮으며 크게 남겨두었던 고리에요.

19.

매듭의 중심부터 끈의 흐름을 따라가며 송곳으로 꽃잎의 크기를 작게 줄여주면, 매화매듭 하나가 완성됩니다.

20.

매화매듭 월행잉 도안을 참고하여 매화매듭과 도래매듭을 번갈아 엮어주고, 가장 아래쪽 매화매듭의 꽃잎은 다섯 개를 만들어주도록 하겠습니다. 매화매듭에 답비를 왼쪽 아래에서 오른쪽 대각선 방향으로 통과시켜 넣어줍니다.

🌸Tip 매화매듭 월행잉 도안 179쪽을 참고하여 매듭을 엮어주세요.

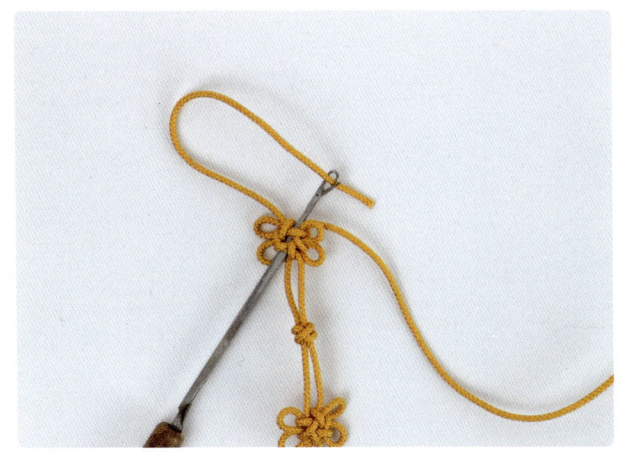

21.

왼쪽 끈을 답비 갈고리에 걸고, 매듭 사이로 당겨와 마지막 꽃잎을 만들어줍니다.

22.

꽃잎의 크기를 동일하게 맞추고, 남은 끈은 깔끔하게 잘라줍니다. 그다음 끈의 절단면에 순간접착제를 소량 묻혀 마무리합니다.

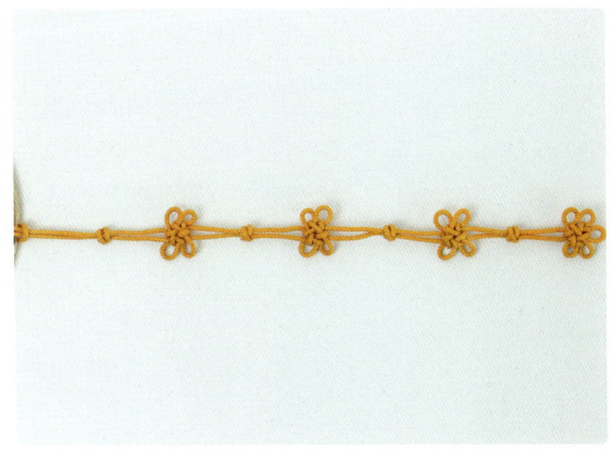

23.

노란색 끈소사로 엮은 매화매듭이 완성되었습니다. 도안을 참고하여 나머지 색상의 끈도 동일하게 매듭을 엮어 풍성한 월행잉을 만들어줍니다. 모든 매듭을 다 엮은 뒤 매듭풀에 담가 고정합니다.

🌸 Tip 매화매듭 월행잉 도안 179쪽을 참고하여 매화매듭과 도래매듭을 번갈아 엮어주세요.

🌸 Tip 회색, 베이지색, 크림색 끈소사는 반으로 잘라서 각각 두 줄의 매듭을 엮어주세요.

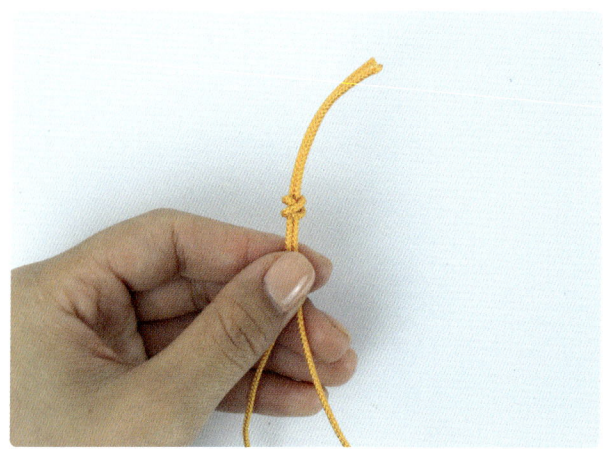

24.

1번에서 자르고 남은 30cm 길이의 노란색 끈소사를 반으로 접고, 끝에 도래매듭 하나를 엮어줍니다.

25.

메탈링 뒤에서 앞으로 통과하여 넣어주고, 고리 속으로 끈을 넣어서 매듭을 맺어줍니다.

26.

골드볼을 넣어 매듭 부분을 가려줍니다.

27.

매듭을 맺고 남은 끈은 골드볼 밖으로 나오지 않도록 깔끔하게 잘라줍니다.

28.

매화매듭으로 엮은 월행잉이 완성되었습니다.

매화매듭 썬캐쳐

우리나라 고유의 전통매듭 기법은 약 30가지가 전해져 내려옵니다. 크고 복잡하게 보이는 매듭도 완전히 새로운 매듭법이 아닌, 기초 매듭을 응용하여 만드는 것이 대부분이죠. 서로 다른 매듭을 함께 엮으면 더욱 풍성한 작품을 만들 수 있답니다. 매화매듭에 생쪽매듭을 더해 엮은 눈꽃을 닮은 매듭으로 눈꽃처럼 반짝이는 썬캐쳐를 만들어보아요. 햇살을 머금은 유리구슬이 사방으로 빛을 퍼뜨려 따뜻하고 좋은 기운을 불러들인다는 썬캐쳐를 매듭으로 엮어 집안 창가에 걸어두어요.

❁ 재료 소개

재료
꼰소사 230cm
유리구슬
우드링
O링

도구
평집게
오링반지
가위
송곳
순간접착제
매듭풀

• 재료 구매 TIP
아크릴구슬이 비교적 가볍고 저렴하지만, 시간이 지나면 뿌옇게 탁해지기 때문에 빛의 반사율이 좋은 유리구슬을 추천합니다.

❁ 전통매듭 엮기

1.

유리구슬에 O링을 걸어 고정합니다.

✽Tip O링을 열고 닫을 때는 평집게와 오링반지를 사용하면 편해요.

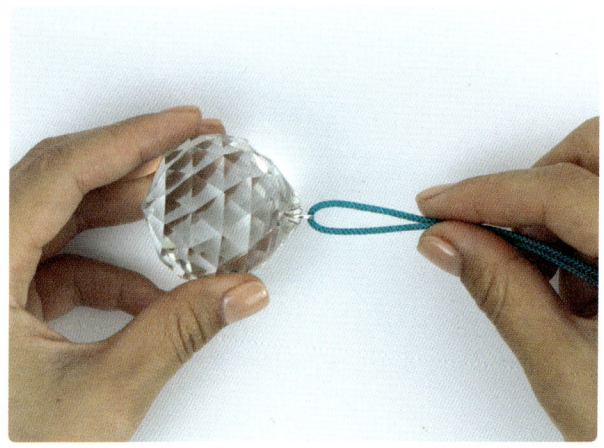

2.

230cm 길이의 꼰소사를 200cm로 자르고, 끈을 O링에 통과하여 반으로 접어줍니다.

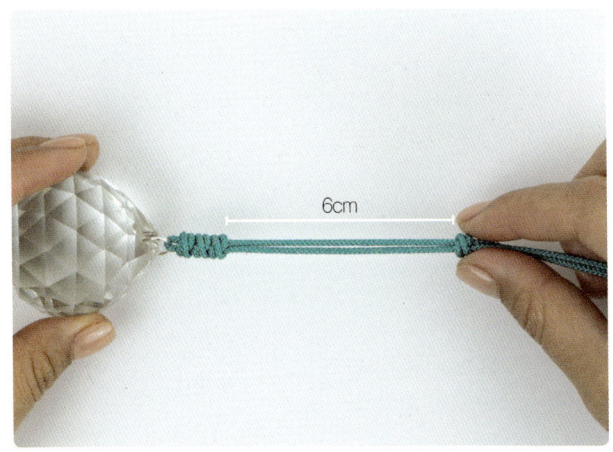

3.

유리구슬 옆에 도래매듭 세 개를 연달아 엮어주고, 6cm 간격을 띄우고 도래매듭 하나를 더 엮어줍니다.

*Tip 도래매듭은 32쪽을 참고하여 엮어주세요.

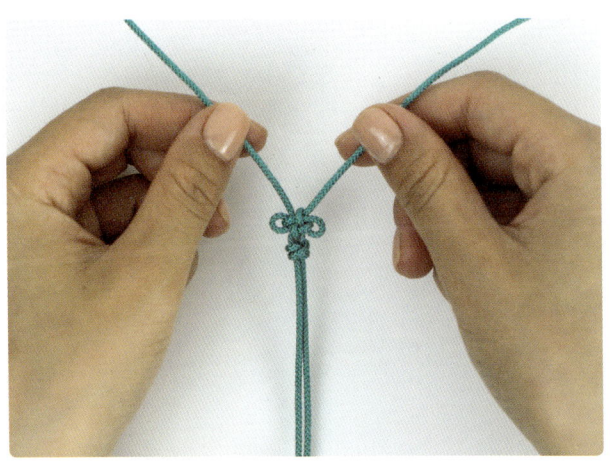

4.

3번에서 엮은 도래매듭이 아래를 향하도록 잡고, 도래매듭 위에 생쪽매듭 하나를 엮어줍니다.

*Tip 생쪽매듭은 90쪽을 참고하여 엮어주세요.

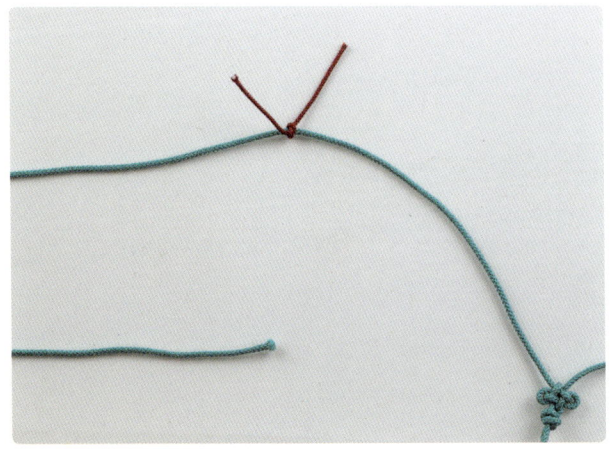

5.

한 가닥의 끈으로 생쪽매듭을 쉽게 엮기 위해 자투리 끈을 묶어줍니다.

*Tip 생쪽매듭을 엮을 때는 매듭을 오른쪽에 두고, 끈의 끝이 왼쪽을 향하게 잡아주세요.

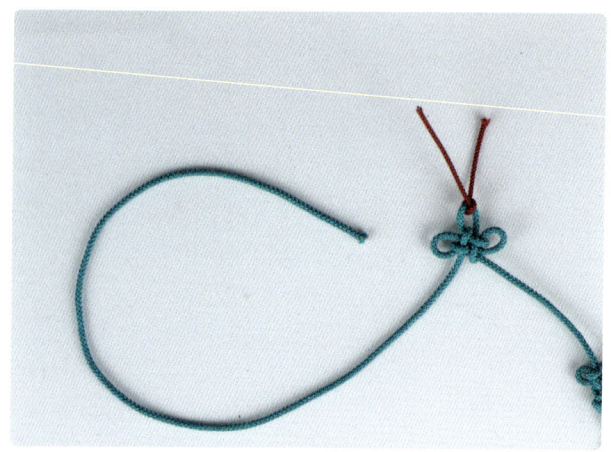

6.

생쪽매듭을 엮고 묶어둔 자투리 끈은 풀어줍니다.

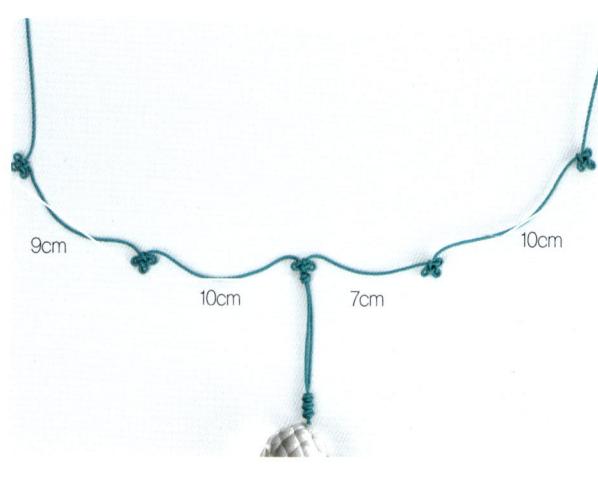

7.

5~6번 과정을 반복하여 자투리 끈을 묶어서 가운데 생쪽매듭을 중심으로 9cm, 10cm, 7cm, 10cm 간격을 띄우며 생쪽매듭을 양쪽에 두 개씩 엮어줍니다.

8.

가운데 생쪽매듭을 중심으로 두고, 왼손 검지와 중지로 왼쪽 끈을 잡아줍니다. 그 다음 왼쪽 끈을 왼손 검지에 앞에서 뒤로 한 바퀴 감아줍니다.

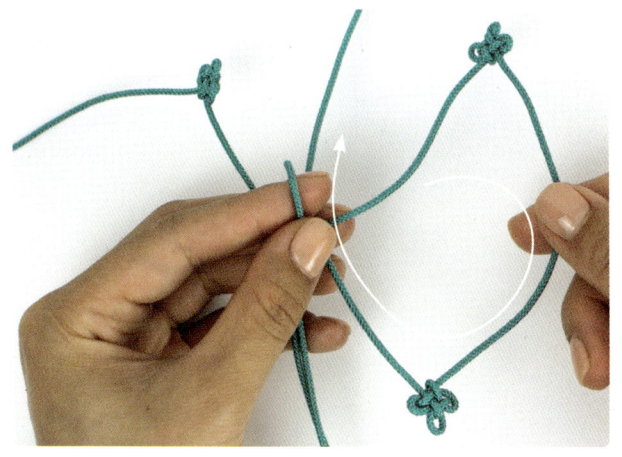

9.

오른쪽 끈을 크게 말아서 고리를 하나 만들고, 중심에 있는 생쪽매듭 오른쪽에 둡니다. 그다음 고리를 만들고 남은 끈은 뒤로 넘겨줍니다.

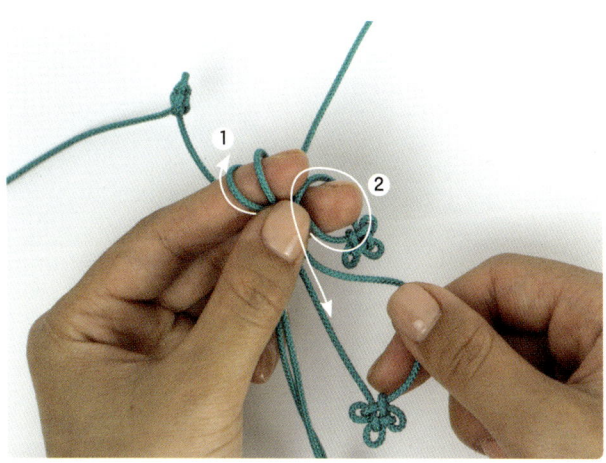

10.

매화매듭 월행잉을 엮을 때와 같은 방법으로 오른쪽 큰 고리의 윗부분을 잡고, 검지와 중지에 숫자 '8' 모양을 그리며 감아 고리를 하나씩 만들어줍니다.

- Tip 매화매듭 월행잉 102쪽 7번과 8번 과정을 참고하여 엮어주세요.
- Tip 중지 고리에 생쪽매듭 하나를 남기고 감아주세요.

두 번째 고리
세 번째 고리

11.

다시 검지와 중지에 숫자 '8' 모양을 그리며 감아 고리를 하나씩 더 만들어줍니다. 검지에 세 개의 고리, 중지에 두 개의 고리가 있어야 합니다.

- Tip 매화매듭 월행잉 103쪽 9번과 10번 과정을 참고하여 엮어주세요.

12.

중지 고리에 있는 생쪽매듭 두 개를 확인하고, 고리들이 풀리지 않도록 왼손 엄지로 눌러 잘 고정합니다.

13.

왼쪽 꽃잎이 될 고리에 생쪽매듭 하나를 남겨두고, 왼쪽 끈을 검지의 두 번째 고리와 세 번째 고리에 왼쪽에서 오른쪽으로 통과시켜 넣어줍니다.

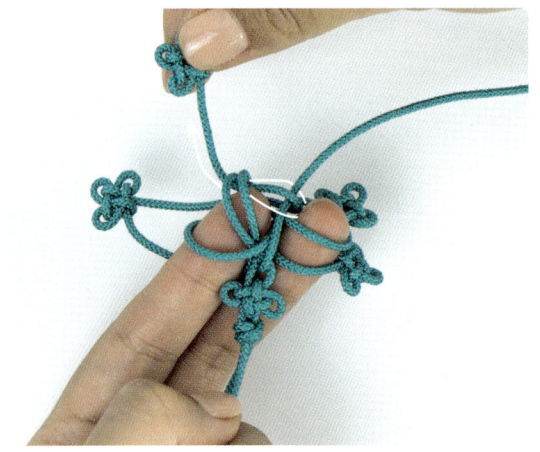

14.

고리에 통과시킨 왼쪽 끈이 뒤에 남은 오른쪽 끈 아래를 지나 중지의 앞쪽 고리를 통과하고, 다시 왼손 검지 두 번째와 세 번째 고리에 오른쪽에서 왼쪽으로 통과시켜 넣어줍니다.

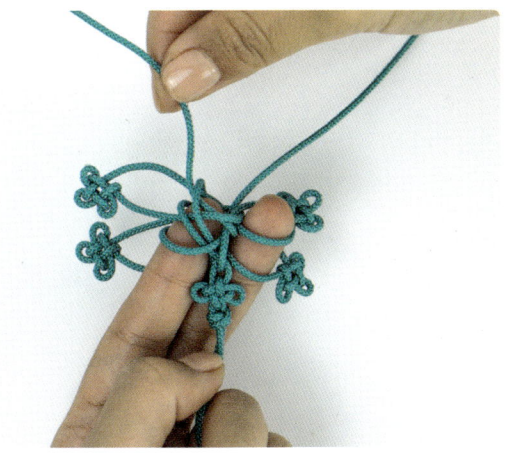

15.

13~14번 과정을 반복하여 왼쪽에 꽃잎 하나를 더 엮어줍니다.

16.

매듭이 풀리지 않도록 손에서 조심스럽게 빼주고, 네 개의 꽃잎을 찾아 천천히 당겨 매듭을 줄여줍니다.

✿Tip 각 꽃잎에 생쪽매듭이 하나씩 달렸는지 확인하며 당겨주세요.

17.

매듭의 중심부터 끈의 흐름을 따라가며 송곳으로 꽃잎의 크기를 줄여 눈꽃 모양의 매듭을 만들어줍니다.

18.

위에 생쪽매듭을 하나 더 엮어줍니다.

19.

18번에서 엮은 생쪽매듭을 중심 매듭에 가까이 붙여 줄여줍니다. 그다음 위에 도래매듭 하나를 엮어주면, 매화매듭에 생쪽매듭을 더해 엮은 눈꽃 모양의 매화매듭이 완성됩니다.

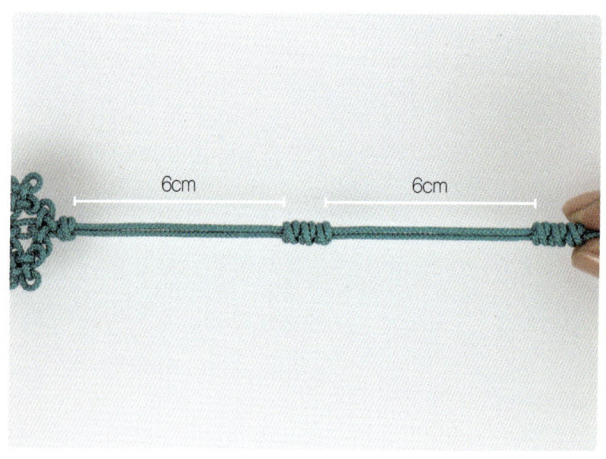

20.

매화매듭에서 6cm 간격을 띄우고 도래매듭 세 개를 연달아 엮어줍니다. 그다음 그 옆에 6cm 간격을 띄우고 도래매듭 세 개를 연달아 또 엮어줍니다.

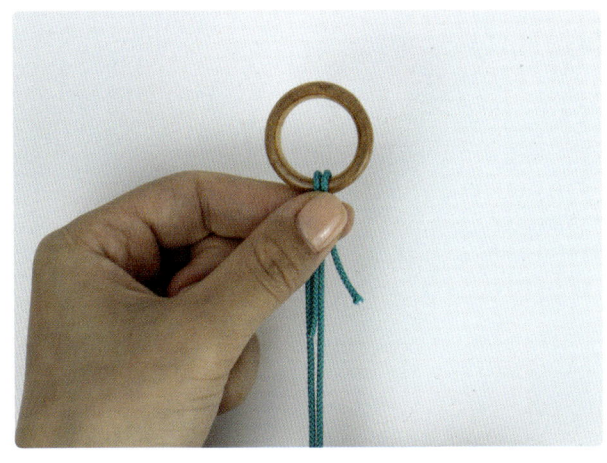

21.

우드링을 준비합니다. 매듭을 엮고 남은 끈을 우드링 뒤에서 앞으로 넣어주고, 끈을 접어 잡아줍니다.

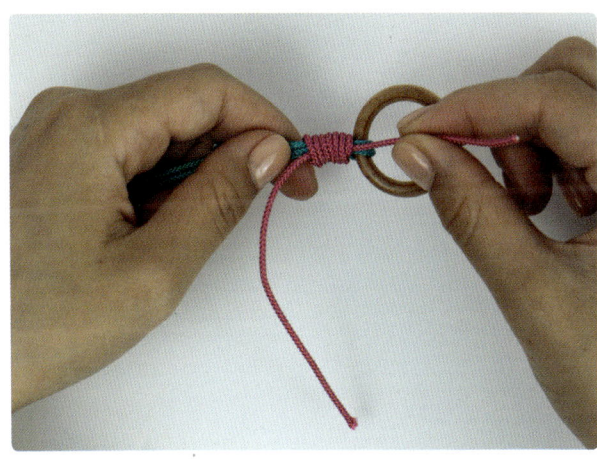

22.

2번에서 자르고 남은 30cm 길이의 꼰소사를 단단히 감아 고정합니다. 그다음 남은 끈을 깔끔하게 잘라 끈의 절단면에 순간접착제를 소량 묻혀 마무리합니다.

* Tip 매듭을 엮는 과정이 잘 보일 수 있도록 다른 색상의 꼰소사로 엮어볼게요.
* Tip 연봉매듭 키링 50쪽 12번~16번 과정을 참고하여 엮어주세요.

23.

매화매듭 부분만 매듭풀에 담가 고정합니다. 매화매듭에 생쪽매듭을 더해 엮은 눈꽃 모양의 매화매듭 썬캐쳐가 완성되었습니다.

* Tip 매듭풀을 만드는 방법과 사용법은 10쪽을 참고해주세요.

국화매듭 북마크

전통매듭은 끈으로 그리는 그림과도 같아요. 고운 빛깔의 매듭끈 한 가닥만 있다면 고풍스러운 국화매듭 북마크를 완성할 수 있답니다. 우리나라 매듭의 고유한 멋을 풍기는 국화매듭은 긴 끈을 교차하여 엮기 때문에 장수와 성공을 기원하는 의미를 담고 있어요. 책을 꺼내들 때마다 그 소중한 의미가 떠오를 수 있도록, 국화매듭으로 엮은 북마크를 책 속에 끼워 놓아요.

❈ 재료 소개

재료
끈소사 330cm
목걸이끈 50cm

도구
가위
송곳

❈ 전통매듭 엮기

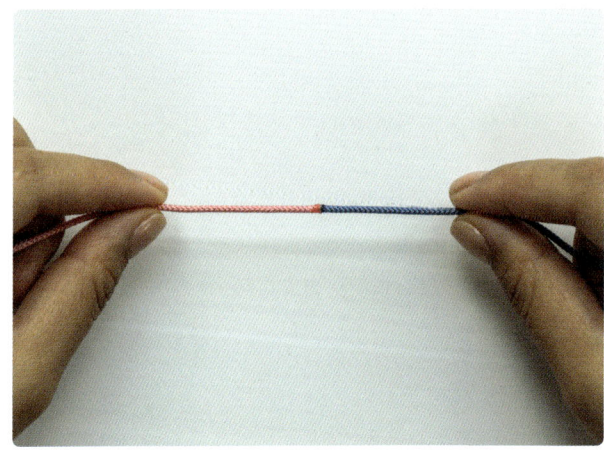

1.

330cm 길이의 끈소사를 270cm 길이로 잘라서 준비합니다.

> ❈Tip 매듭을 엮는 과정이 잘 보일 수 있도록 두 가지 색상의 끈을 붙여서 엮어볼게요.

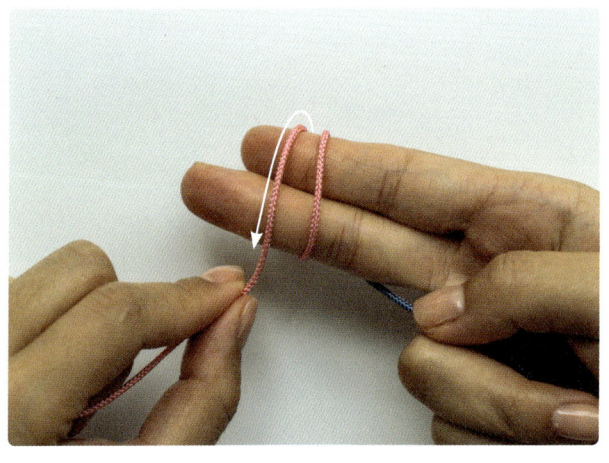

2.

오른쪽 끈을 오른손 엄지와 약지로 잡고, 왼쪽 끈을 오른손 검지와 중지에 뒤에서 앞으로 두 바퀴 감아줍니다.

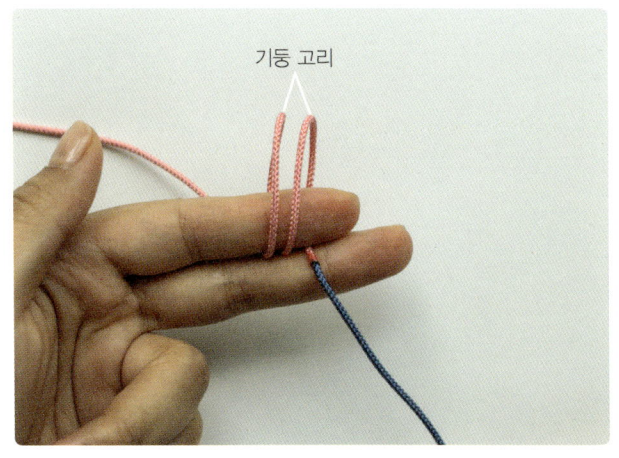

3.

그대로 두 개의 고리를 왼손 검지와 중지 사이에 끼우고, 매듭의 기둥이 될 두 고리의 모양을 잘 정리해줍니다.

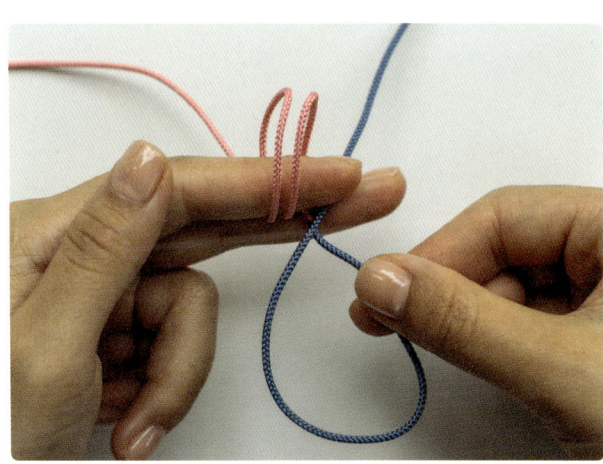

4.

오른쪽 끈을 크고 둥글게 말아 큰 고리를 만들고, 왼손 검지와 중지 사이에 끼워줍니다.

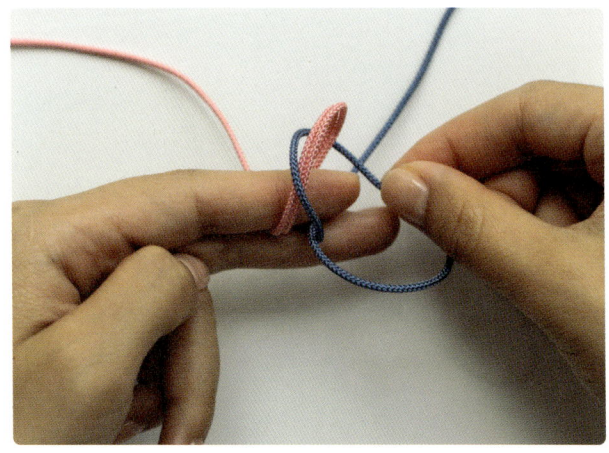

5.

4번에서 만든 큰 고리의 윗부분을 잡고, 두 기둥 고리를 앞에서 뒤로 한 바퀴 감아 감싸줍니다.

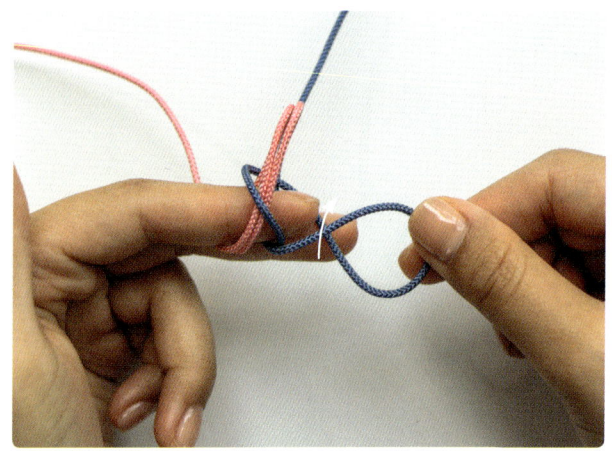

6.

그대로 고리를 앞에서 뒤로 꼬아 '∞' 모양을 만들어줍니다.

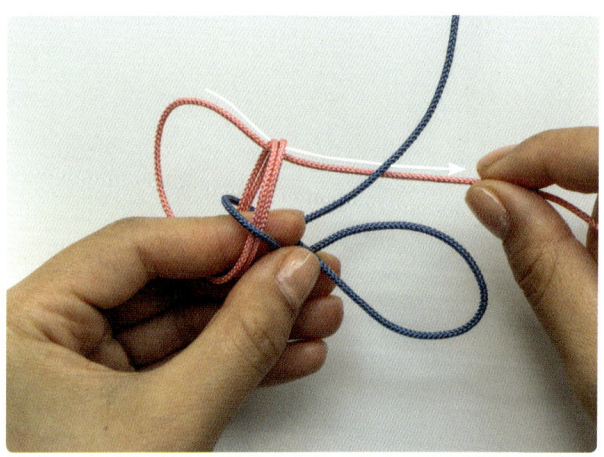

7.

왼쪽 끈을 기둥 고리 왼쪽에서 오른쪽으로 통과시켜 넣어주고, 오른쪽 끈(파란색 끈) 아래로 지나갑니다.

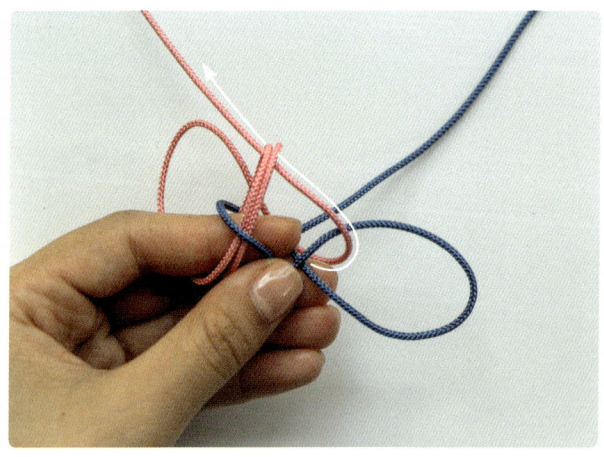

8.

그대로 오른쪽 큰 고리(파란색 큰 고리) 뒤에서 앞으로 통과하고, 다시 기둥 고리 오른쪽에서 왼쪽으로 통과시켜 넣어줍니다.

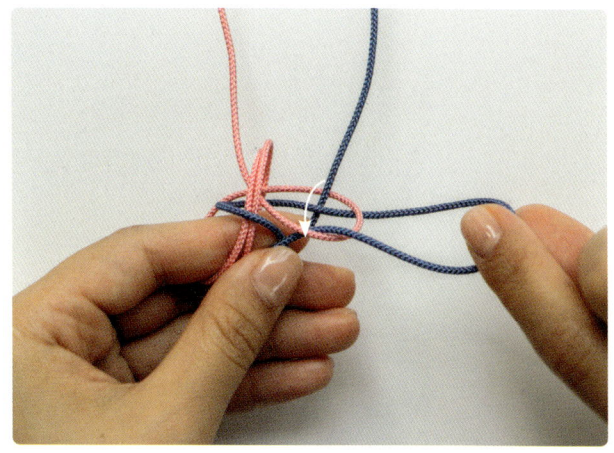

9.

6번에서 '∞' 모양으로 꼬았던 고리를 다시 풀어줍니다.

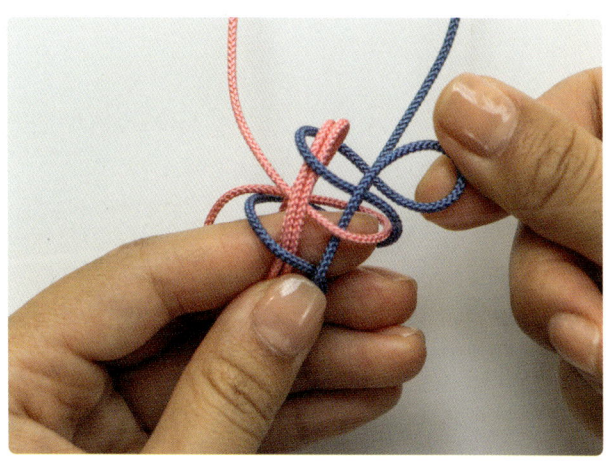

10.

9번에서 풀어준 고리의 윗부분을 잡고, 기둥 고리를 앞에서 뒤로 한 바퀴 감아 감싸줍니다. 그다음 그대로 고리를 앞에서 뒤로 꼬아 '∞' 모양을 또 만들어줍니다.

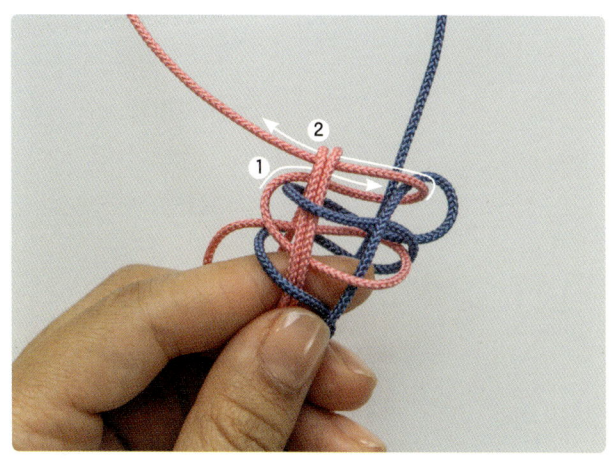

11.

왼쪽 끈을 기둥 고리 왼쪽에서 오른쪽으로 통과시켜 넣어주고, 오른쪽 끈(파란색 끈) 아래를 지나 파란색 고리의 뒤에서 앞으로 넣어준 다음, 다시 기둥 고리 오른쪽에서 왼쪽으로 통과시켜 넣어줍니다.

✿TIP 7~8번 과정을 반복한다고 생각하면 쉬워요.

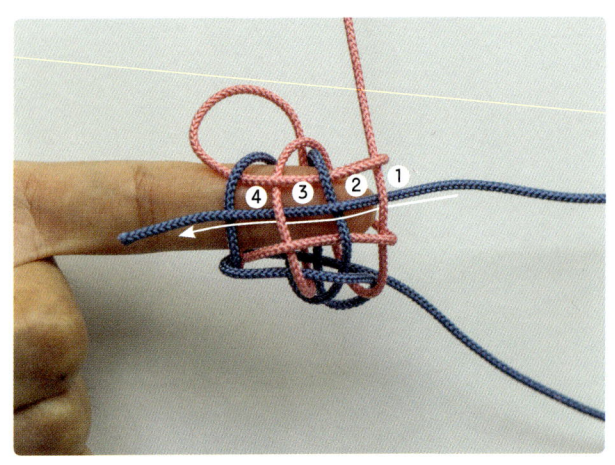

12.

붙어있는 기둥 고리 사이를 왼손 검지로 벌려주고, 오른쪽 끈을 통과시켜 넣어주도록 하겠습니다. 이때 ❶(아래쪽으로 통과) → ❷(위쪽으로 통과) → ❸(아래쪽으로 통과) → ❹(위쪽으로 통과) 순으로 통과시켜 넣어줍니다.

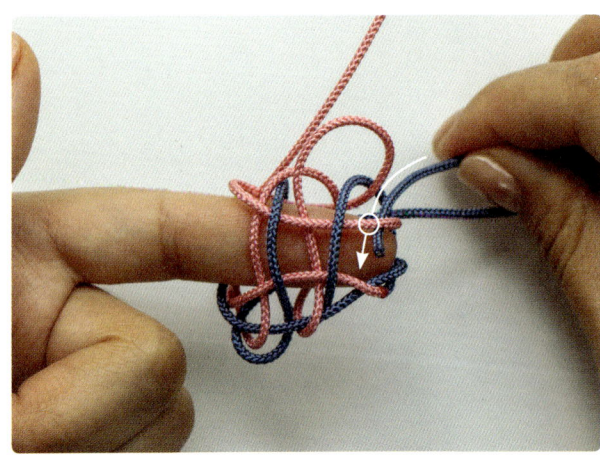

13.

검지에서 매듭을 빼고 그대로 매듭을 좌우로 뒤집어 오른쪽 끈을 위쪽에 있는 기둥 고리에 위에서 아래로 통과시켜 넣어줍니다.

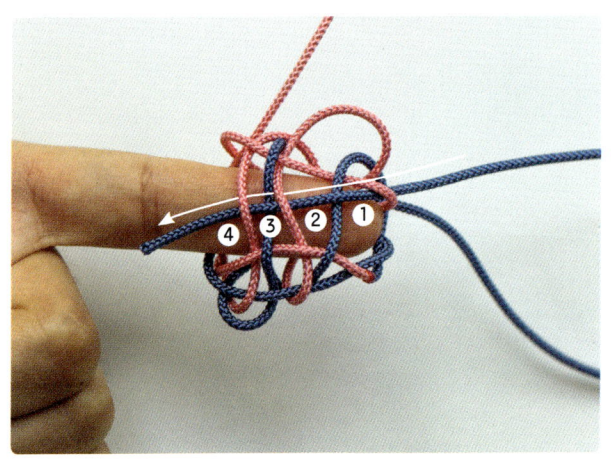

14.

오른쪽 끈을 넣어주는데, 매듭의 앞면(12번 과정)과 반대로 ❶(위쪽으로 통과) → ❷(아래쪽으로 통과) → ❸(위쪽으로 통과) → ❹(아래쪽으로 통과) 순으로 통과시켜 넣어줍니다.

15.

검지에서 매듭을 조심스럽게 빼고, 먼저 아래쪽 두 가닥의 끈을 당겨줍니다. 그다음 매듭 양쪽에 둥근 꽃잎도 찾아서 당겨줍니다.

16.

한 번에 세게 당기지 말고, 전체 매듭의 형태를 보며 7개의 꽃잎을 찾아줍니다.

17.

매듭의 중심부터 끈의 흐름을 따라가며 송곳으로 꽃잎의 크기를 줄여주면, 국화매듭 하나가 완성됩니다.

18.

국화매듭 바로 아래 도래매듭을 하나 엮어주고, 국화매듭에 붙여 매듭을 줄여줍니다.

◈Tip 도래매듭은 32쪽을 참고하여 엮어주세요.

19.

2~18번 과정을 반복하여 국화매듭과 도래매듭을 4개 더 엮어 총 5개의 매듭을 만들어줍니다.

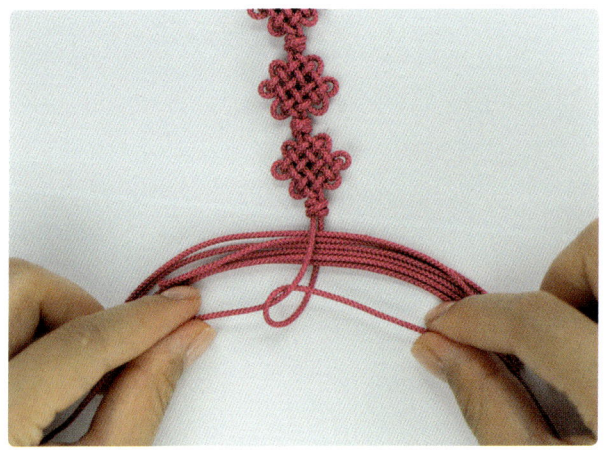

20.

1번에서 자르고 남은 60cm 길이의 꼰소사를 12cm 길이로 5가닥을 잘라줍니다. 그 다음 매듭을 엮은 끈 사이에 5가닥의 꼰소사를 가지런히 올려두고, 단단하게 두 번 매듭을 맺어줍니다.

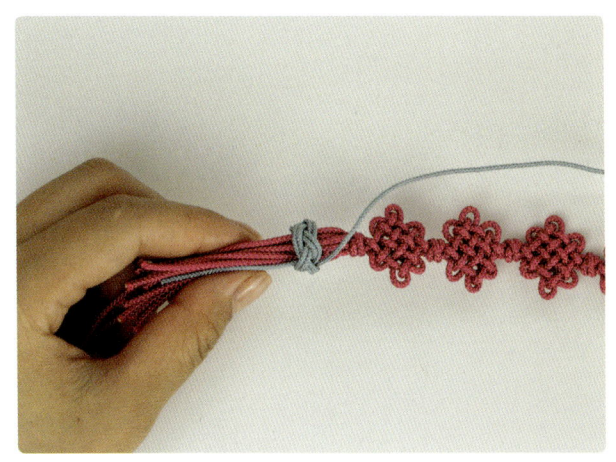

21.

50cm 길이의 목걸이끈을 준비합니다. 그 다음 검지 대신 끈술을 잡고 목걸이끈으로 가락지매듭을 엮은 뒤, 남은 끈은 깔끔하게 자르고 모양을 잘 정리해줍니다.

🌸 Tip 가락지매듭은 62쪽을 참고하여 엮어주세요.

22.

국화매듭으로 엮은 북마크가 완성되었습니다.

국화매듭 귀걸이

전통매듭과 충분히 친해졌다면, 이제부터 매듭을 줄이는 과정에 더 집중해보세요. 정사각형 모양의 국화매듭을 위아래로 길게 늘려서 줄여주면 마름모꼴의 국화매듭을 만들 수 있어요. 기존의 국화매듭보다 모던하고 페미닌한 무드가 느껴진답니다. 촘촘히 반짝이는 보석을 더해 영롱한 국화매듭을 완성한다면 어떤 룩에도 포인트가 되는 귀걸이가 될 거예요.

❀ 재료 소개

재료
꼰소사 120cm
귀걸이 포스트 한 쌍
한고리 펜던트 2개
O링 4개

도구
가위
송곳
답비
순간접착제
매듭풀
평집게
오링반지

❀ 전통매듭 엮기

1.

120cm 길이의 꼰소사를 60cm 길이로 잘라서 준비합니다. 꼰소사로 국화매듭 하나를 엮어줍니다.

> Tip 국화매듭은 124쪽을 참고하여 엮어주고, 매듭을 줄이는 과정부터 함께 해볼게요.

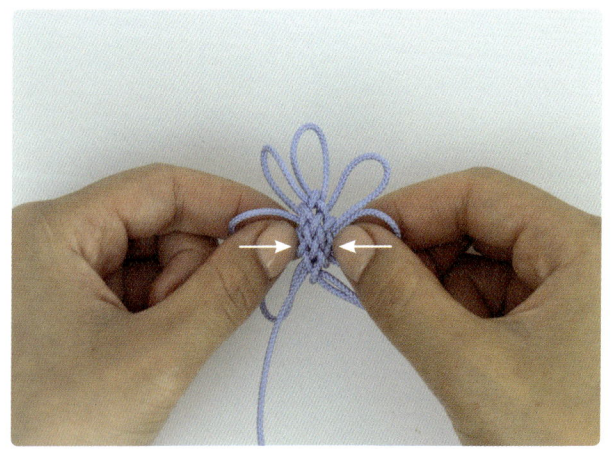

2.

국화매듭의 양옆을 잡고, 가운데로 모아 매듭을 길게 늘려서 매듭의 모양을 마름모꼴로 만들어줍니다.

3.

국화매듭의 중심이 되는 위쪽 꽃잎은 상대적으로 고리를 크게 남기며 송곳으로 매듭을 줄여줍니다.

* Tip 마름모꼴의 국화매듭을 만들기 위해서는 꽃잎의 비율이 가장 중요해요.

4.

매듭의 흐름을 따라가며 중심이 되는 위쪽 꽃잎 옆에 두 개의 꽃잎을 줄여줍니다.

* Tip 양쪽 꽃잎이 대칭이 되도록 번갈아가며 줄여주세요.

5.

매듭 가운데에 위치한 양옆의 두 꽃잎은 상대적으로 더 작게 줄여줍니다.

6.

마지막으로 가장 아래쪽에 위치한 두 꽃잎도 대칭이 되도록 줄여줍니다.

7.

답비를 중심 꽃잎과 그 왼쪽에 위치한 꽃잎 사이에서 오른쪽 끈 아래 방향으로 통과시켜 넣어줍니다.

* Tip 국화매듭 제일 잇부분이 엮임이 사람인(人)자인 면이 매듭의 앞면이에요.

8.

그대로 답비로 왼쪽 끈을 당겨와서 제일 아래쪽에 마지막 꽃잎을 만들어줍니다.

* Tip 마지막 꽃잎도 위쪽에 중심 꽃잎처럼 고리를 상대적으로 크게 남겨서 꽃잎의 비율을 맞춰주세요.

9.

마지막 꽃잎까지 만들었다면, 남은 끈을 깔끔하게 자르고 끈의 절단면에 순간접착제를 소량 묻혀 마무리합니다.

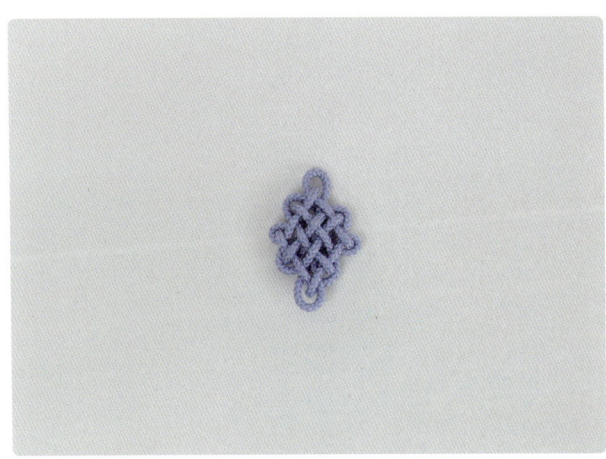

10.

마지막으로 매듭풀에 매듭을 담가 고정하면, 마름모 모양으로 엮은 국화매듭이 완성됩니다.

* Tip 매듭풀을 만드는 방법과 사용법은 10쪽을 참고해주세요.

11.

귀걸이 포스트와 펜던트에 평집게와 오링 반지를 사용하여 O링을 연결하고, 국화매듭 위아래 고리에 달아줍니다.

12.

국화매듭으로 엮은 마름모 모양의 귀걸이가 완성되었습니다.

*Tip 나머지 한쪽의 귀걸이도 같은 과정을 반복하여 만들어주세요.

단지매듭 귀걸이

매듭의 엮임이 만들어내는 화려하고 고급스러운 분위기, 샹들리에가 떠오르는 단지매듭 귀걸이에요. 아주 복잡해 보이는 단지매듭을 자세히 보면 어쩐지 생각나는 매듭이 있지 않나요? 바로 매화매듭입니다. 두 개의 매화매듭 사이에 반짝이는 금사로 엮은 가락지매듭을 더해 만든 단지매듭 귀걸이는 유럽의 빈티지 감성을 느낄 수 있어요. 특별히 빛나고 싶은 날 착용하면 얼굴을 화사하게 밝혀준답니다.

❈ 재료 소개

재료
꼰소사 260cm
금사 100cm
낚시고리 귀걸이 한 쌍
O링 6개
물방울 크리스탈 중 2개 | 소 4개

도구
가위
송곳
답비
순간접착제
매듭풀
평집게
오링반지

❈ 전통매듭 엮기

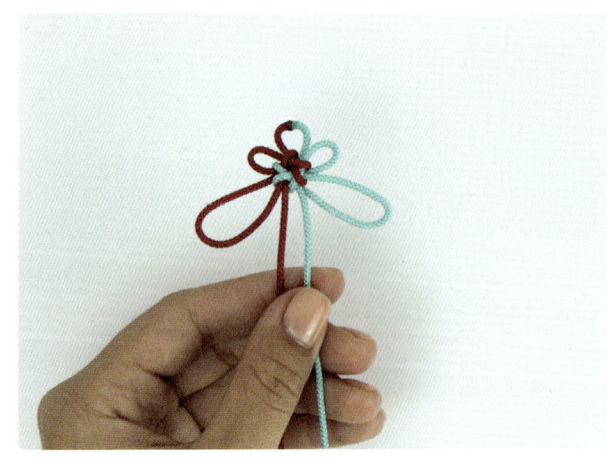

1.

260cm 길이의 꼰소사를 130cm로 잘라서 준비하고, 매화매듭을 엮어줍니다. 이때 매듭 아래 두 개의 꽃잎은 상대적으로 고리를 크게 남기고 줄여줍니다.

- Tip 매화매듭은 100쪽을 참고하여 엮어주세요.
- Tip 매듭을 엮는 과정이 잘 보일 수 있도록 두 가지 색상의 끈을 엮어서 준비했어요.

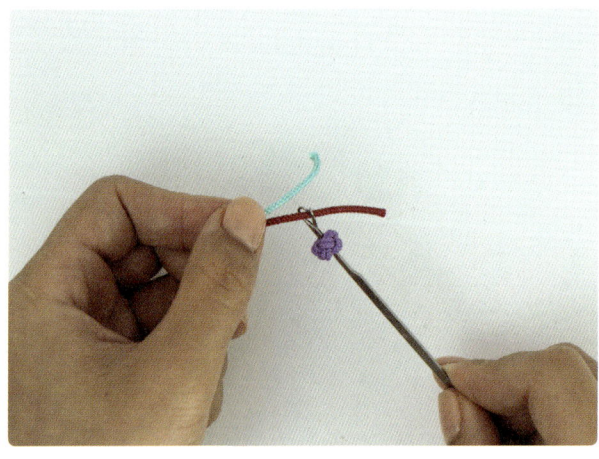

2.

50cm 길이의 금사로 가락지매듭을 엮어줍니다. 그다음 가락지매듭 사이에 답비를 통과시켜 넣어주고, 매화매듭을 엮은 두 가닥의 끈에 가락지매듭을 넣어주도록 하겠습니다.

- Tip 가락지매듭은 62쪽을 참고하여 엮어주세요.
- Tip 매듭을 엮는 과정이 잘 보일 수 있도록 금사 대신 다른 색상의 끈으로 가락지매듭을 엮어서 준비했어요.

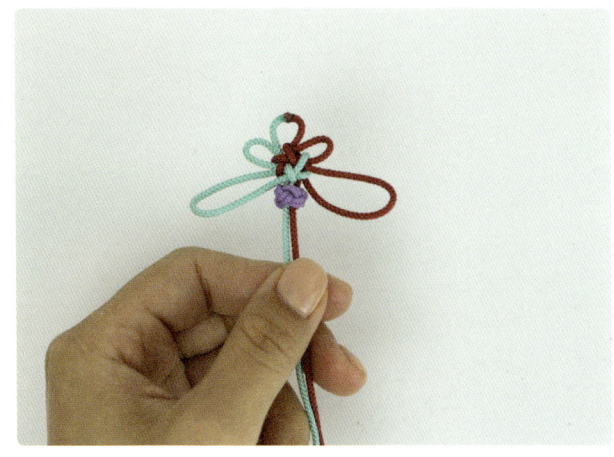

3.

답비를 사용해 매화매듭의 두 끈을 가락지매듭 사이로 당겨와 가락지매듭을 끼워줍니다.

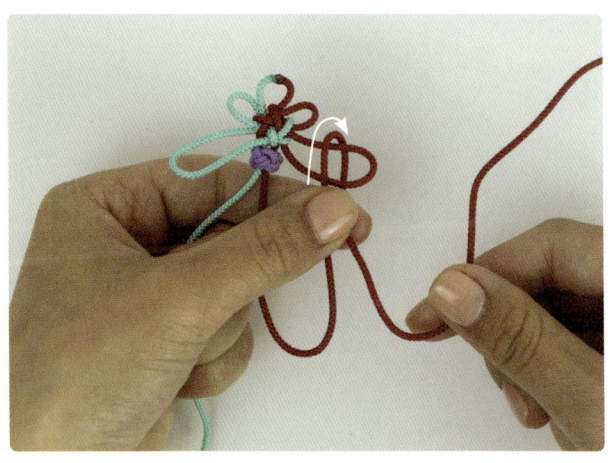

4.

오른쪽 끈으로 오른쪽 큰 꽃잎을 앞에서 뒤로 감아서 잡아줍니다.

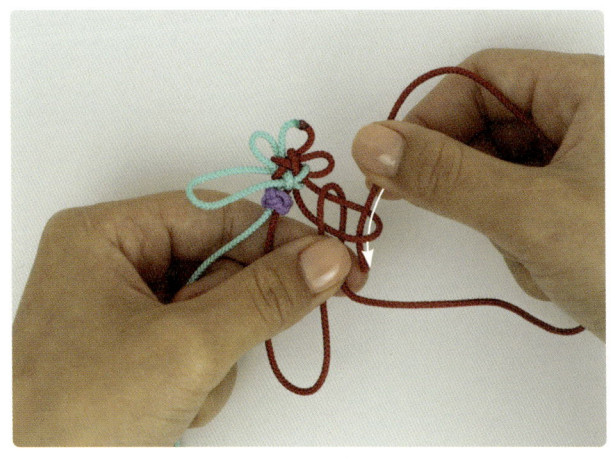

5.

오른쪽 끈을 오른쪽 큰 꽃잎 위에서 아래로 통과시켜 넣어줍니다.

6.
이번에는 오른쪽 끈을 4번에서 꽃잎을 감아 생긴 아래쪽 큰 고리에 앞에서 뒤로 통과시켜 넣어줍니다.

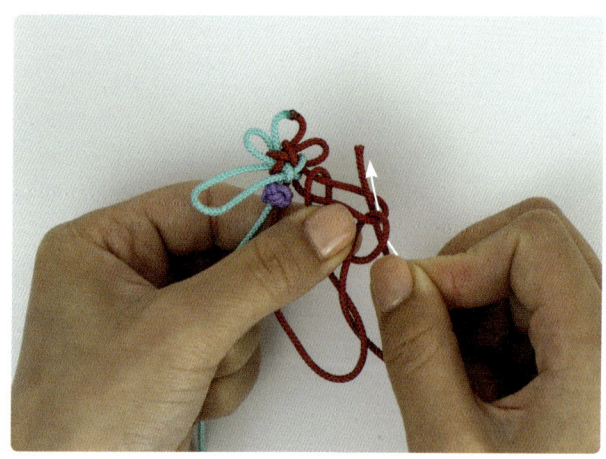

7.
그대로 5번에서 통과했던 오른쪽 큰 꽃잎에 이번에는 아래에서 위로 통과시켜 넣어줍니다.

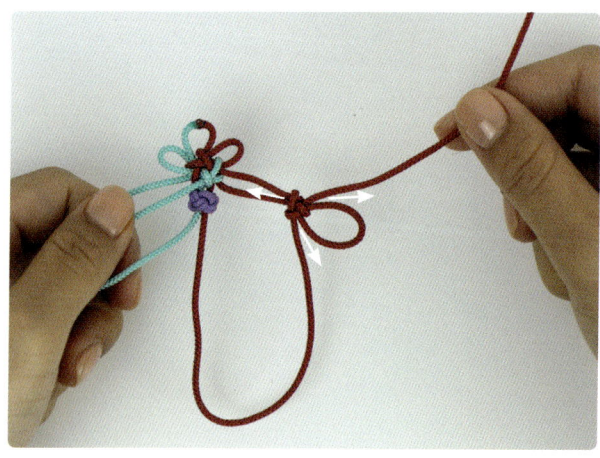

8.
세 방향의 끈을 모두 당겨서 매듭을 줄여줍니다.

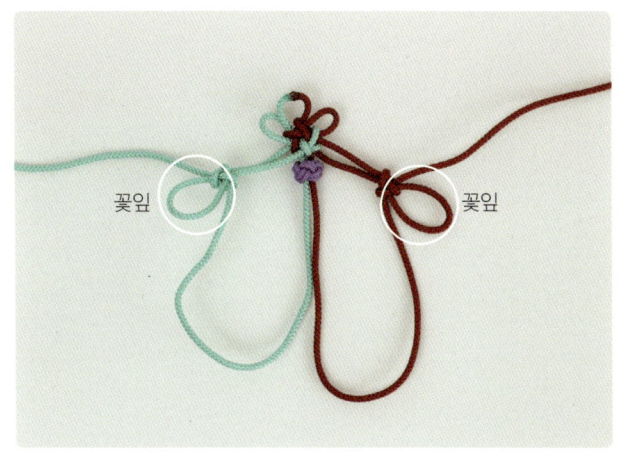

9.

매듭을 뒤집어서 4~8번 과정을 반복하여 반대쪽도 동일하게 엮어줍니다.

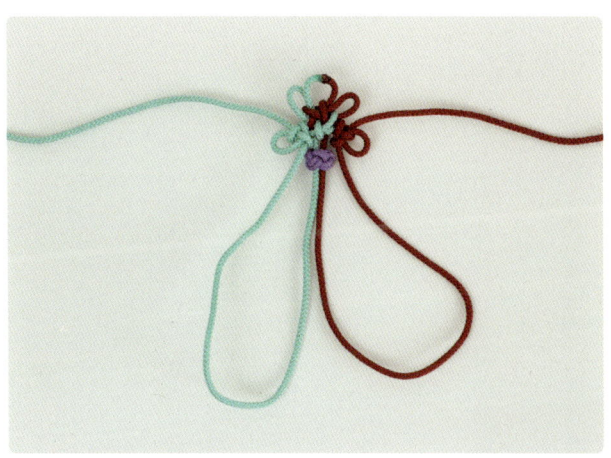

10.

양쪽 두 개의 꽃잎은 매듭의 흐름을 따라가며 송곳으로 크기를 줄여 매화매듭 가까이에 붙여줍니다.

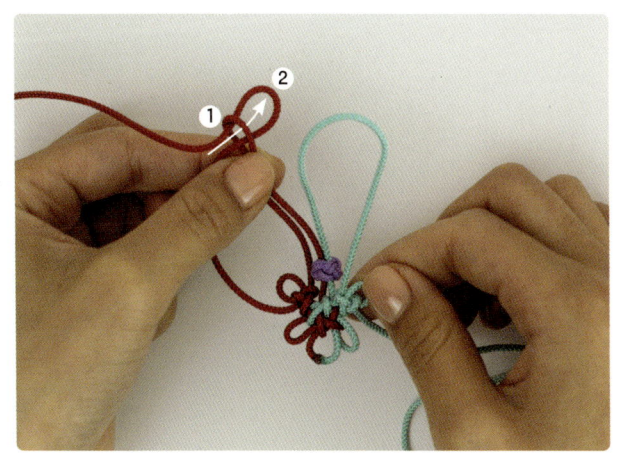

11.

매화매듭이 아래를 향하도록 잡아줍니다. 그다음 왼쪽 끈으로 고리 ❷를 하나 만들고, 원래 있던 왼쪽 고리 ❶에 통과시켜 넣어줍니다.

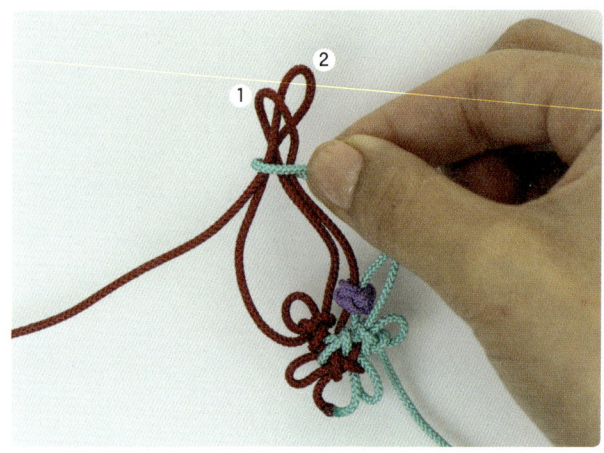

12.

오른쪽 고리로 왼쪽의 두 고리를 감아서 짧게 잡아줍니다.

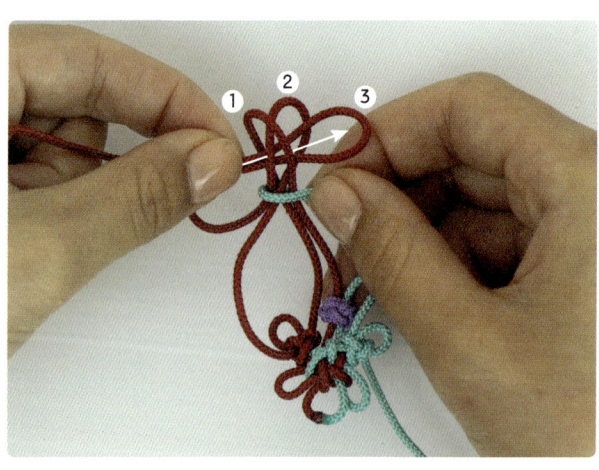

13.

왼쪽 끈으로 고리 ❸을 하나 더 만들고, 왼쪽 두 개의 고리 ❶, ❷에 통과시켜 넣어줍니다.

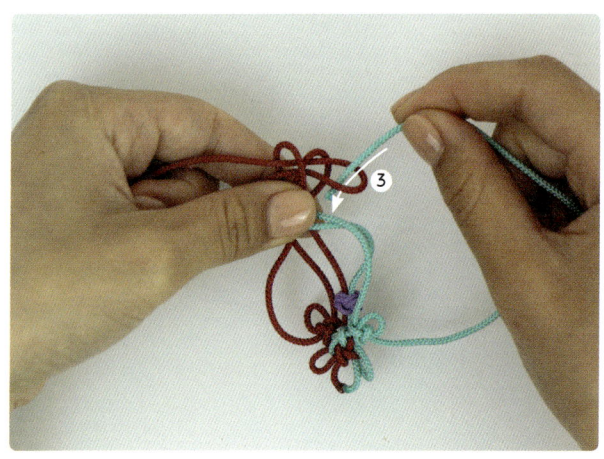

14.

오른쪽 끈을 고리 ❸에 위에서 아래로 통과시켜 넣어줍니다.

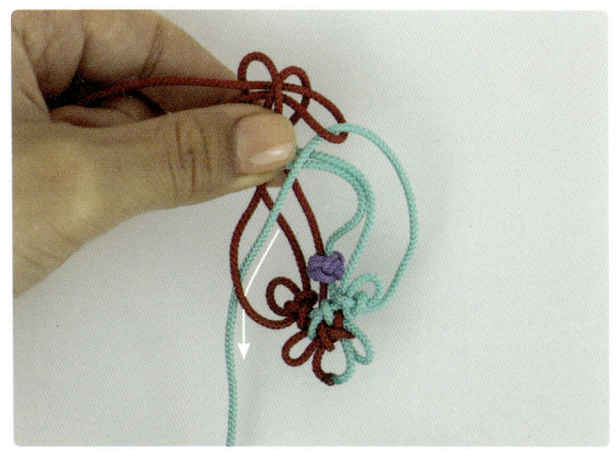

15.

그대로 오른쪽 끈을 왼쪽 제일 아래 고리에 통과시켜 넣어줍니다.

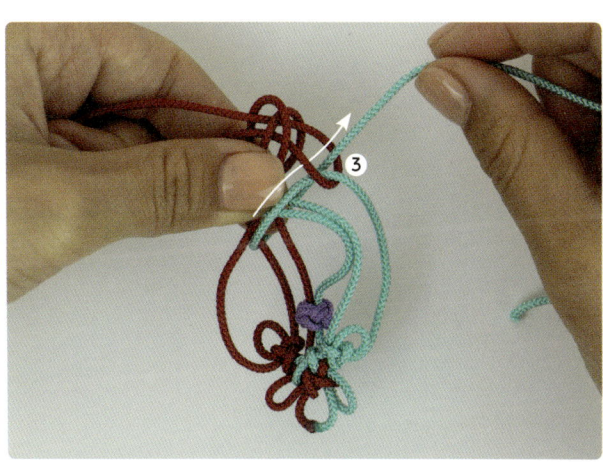

16.

오른쪽 끈을 뒤로 돌려 고리 ❸에 이번에는 아래에서 위로 통과시켜 넣어줍니다.

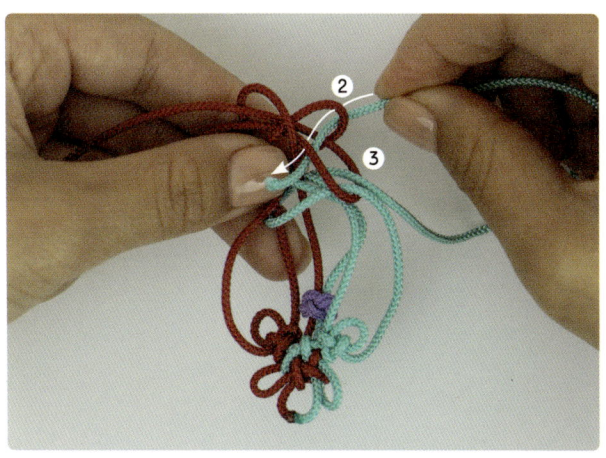

17.

다시 오른쪽 끈을 고리 ❷, ❸에 위에서 아래로 통과시켜 넣어줍니다.

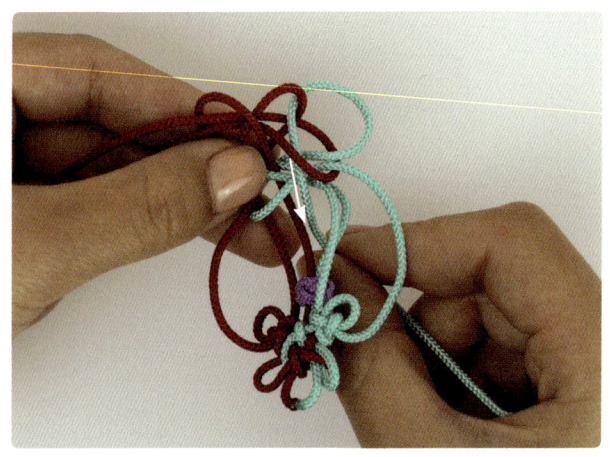

18.

오른쪽 끈을 매듭의 중심에 있는 구멍에 통과시켜 넣어줍니다.

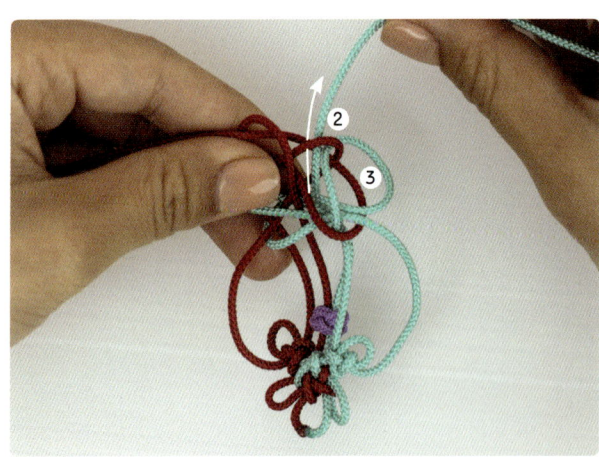

19.

그대로 오른쪽 끈을 뒤로 돌려 고리 ❷, ❸에 아래에서 위로 다시 통과시켜 넣어줍니다.

20.

매화매듭의 모양을 확인하며 모든 방향의 끈을 당겨서 줄여줍니다.

21.

매듭의 중심부터 끈의 흐름을 따라가며 송곳으로 매듭의 크기를 줄여줍니다.

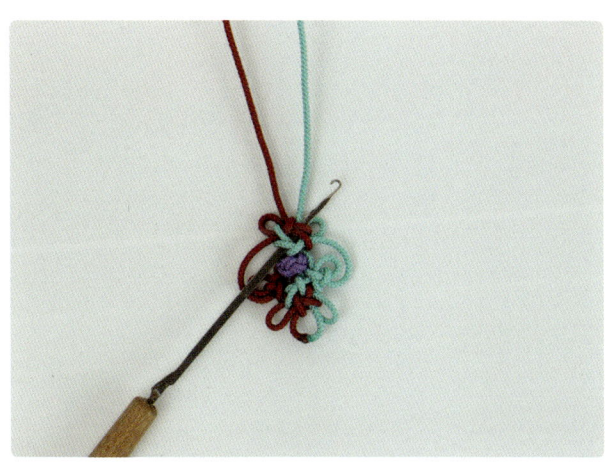

22.

매듭의 중심에 답비를 왼쪽 아래에서 오른쪽 대각선 방향으로 통과시켜 넣어줍니다.

23.

답비로 왼쪽 끈을 당겨와서 마지막 꽃잎을 만듭니다.

24.

남은 끈을 깔끔하게 자르고, 끈의 절단면에 순간접착제를 소량 묻혀 마무리합니다. 그다음 매듭풀에 매듭을 담가 고정하면, 단지매듭이 완성됩니다.

❋Tip 매듭풀을 만드는 방법과 사용법은 10쪽을 참고해주세요.

25.

단지매듭 고리에 낚시고리 귀걸이를 연결합니다.

26.

물방울 크리스탈에 평집게와 오링반지를 사용하여 O링을 연결하고, 단지매듭에 달아줍니다.

27.

단지매듭으로 엮은 귀걸이가 완성되었습니다.

* Tip 나머지 한쪽의 귀걸이도 같은 과정을 반복하여 만들어주세요.

단지매듭 노리개

한복을 자주 입을 일이 없는 현대 사회에서 노리개는 어떻게 활용할까요? 가방이나 파우치에 심플한 장식으로 달거나, 생활한복 치마에 달아주면 어디에서나 고유의 매력을 풍긴답니다. 또한 단지매듭의 유려한 곡선은 세련된 분위기를 연출하죠. 노리개를 작은 크기로 만들면 키링으로도 활용이 가능해서 일상에서도 노리개와 항상 함께할 수 있답니다.

❊ 재료 소개

재료
꼰소사 340cm
목걸이끈 150cm
딸기술

도구
가위
송곳
매듭풀
글루건
답비
순간접착제

❊ 전통매듭 엮기

1.

270cm 꼰소사와 150cm 목걸이끈을 준비합니다. 도안을 참고하여 노리개 상단 매듭을 엮어줍니다. 50cm로 자른 목걸이끈으로 가락지매듭 3개를 엮고, 단시매듭 3개와 도래매듭을 번갈아 엮어줍니다. 완성된 매듭은 매듭풀에 담가 고정합니다.

- Tip 도안 180쪽을 참고하여 매듭을 엮어주세요.
- Tip 단지매듭은 144쪽 도래매듭은 32쪽을 참고하여 엮어주세요.

2.

1번에서 자르고 남은 70cm 길이의 꼰소사를 준비합니다. 그다음 오벌가락지매듭을 엮어줍니다.

- Tip 오벌가락지매듭은 72쪽을 참고하여 엮어주세요.

3.

검지 끝에 모자를 씌운다는 느낌으로 오벌가락지매듭을 송곳으로 오목하게 줄여줍니다.

4.

매듭을 줄이고 남은 끈은 깔끔하게 자르고, 오목하게 줄인 오벌가락지매듭을 글루건으로 딸기술에 붙여줍니다.

5.

답비를 딸기술 아래에서 위로 통과시켜 넣어줍니다.

6.

1번에서 만들었던 노리개 상단 매듭의 두 가닥 끈을 답비로 당겨옵니다.

7.

딸기술을 위로 올리고, 도래매듭을 엮어 딸기술을 노리개 상단 매듭에 고정시킵니다. 그다음 남은 끈은 깔끔하게 자르고, 끈의 절단면에 순간접착제를 소량 묻혀 마무리합니다.

* Tip 도래매듭은 32쪽을 참고하여 엮어주세요.

8.

단지매듭으로 엮은 노리개가 완성되었습니다.

장구매듭 돌띠

우리나라 국악에서 대표적으로 사용되는 악기 '장구'의 형태를 닮아 '장구매듭'이라고 부릅니다. 또한, 우물 정(井)자가 세 개 나타나 대구와 남원 지방에서는 '삼정자(三井字)매듭'이라고도 부르지요. 지금부터 책의 앞에서 익혔던 다양한 매듭법에 장구매듭을 더해 돌띠를 만들어보아요. 돌띠는 돌을 맞은 아이의 허리에 둘러 무병장수와 부귀영화를 기원하고, 한복을 더욱 돋보이게 하는 장식이랍니다. 다정한 뜻을 담은 돌띠를 만들어 가족과 지인에게 선물해보세요. 소중한 마음을 담아 매듭으로 엮은 선물이 우리를 더욱 행복하게 만들어줄 거예요.

❈ 재료 소개

재료	도구
끈소사 900cm(600cm|150cm 2개)	가위
금사 1000cm	답비
삼봉술 2개	송곳
옥구슬 2개	매듭풀
옥나비 5개	순간접착제
꽃 자개구슬 5개	9자말이집게
T핀 5개	평집게
O링 5개	오링반지

❈ 전통매듭 엮기

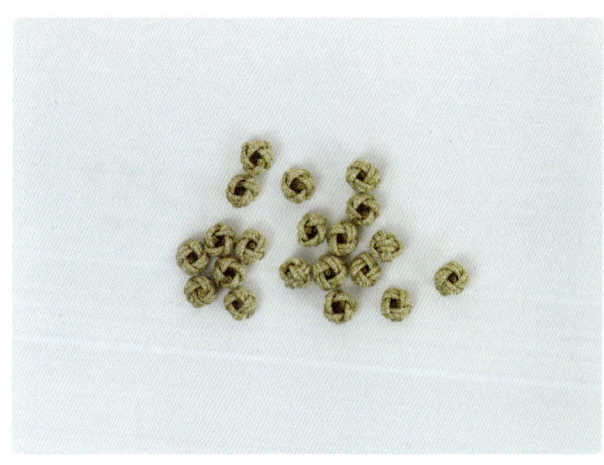

1.

1000cm 길이의 금사를 준비하고, 50cm 길이로 20개를 잘라줍니다. 그다음 가락지매듭 20개를 엮어줍니다.

✼Tip 가락지매듭은 62쪽을 참고하여 엮어주세요.

2.

600cm 길이의 끈소사를 반으로 접어 자르고, 두 가닥 끈의 중심에 도래매듭 하나를 엮어줍니다.

✼Tip 도래매듭은 32쪽을 참고하여 엮어주세요.

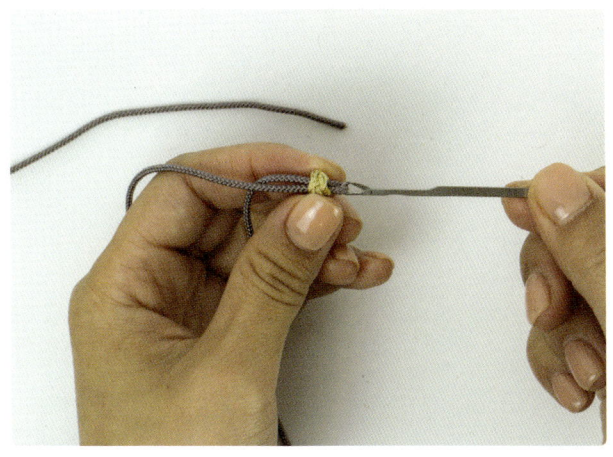

3.

가락지매듭 사이에 답비를 통과시켜 넣어주고, 2번에서 도래매듭을 엮은 두 가닥 끈을 답비로 당겨와 도래매듭 옆에 가락지매듭을 끼워서 붙여줍니다.

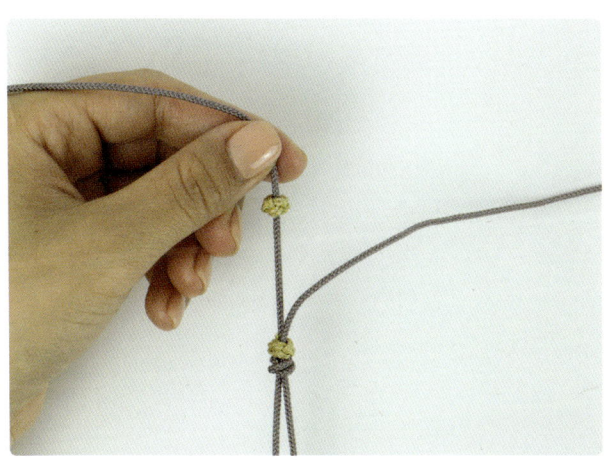

4.

가락지매듭에 답비를 하나 더 통과시켜 넣어주고, 이번에는 한 가닥의 끈만 당겨와 가락지매듭을 끼워줍니다.

5.

4번에서 끼운 가락지매듭 옆에 생쪽매듭 하나를 엮어줍니다.

*Tip 생쪽매듭은 90쪽을 참고하여 엮어주세요.
*Tip 생쪽매듭을 엮을 때는 매듭을 오른쪽에 두고, 끈의 끝이 왼쪽을 향하게 잡아주세요.

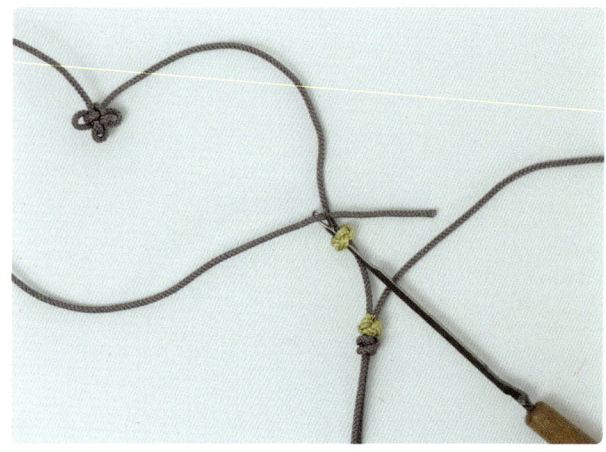

6.

4번에서 끼운 가락지매듭에 답비를 다시 통과시켜 넣어주고, 남은 한 가닥의 끈을 마저 당겨와 가락지매듭 옆에 생쪽매듭을 붙여줍니다.

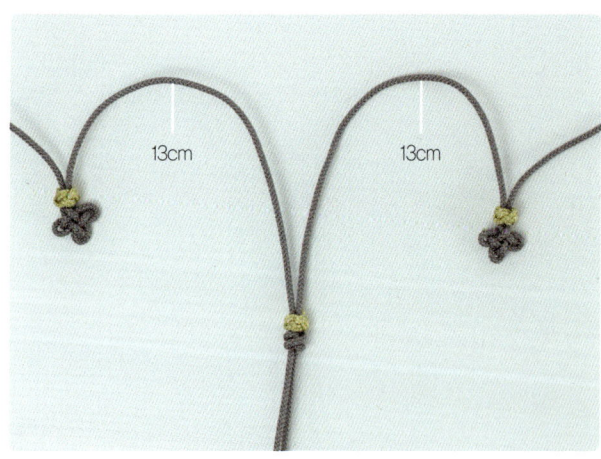

7.

13cm의 간격을 두고, 4~6번 과정을 반복하여 오른쪽에도 가락지매듭을 끼워주고 생쪽매듭을 엮어줍니다.

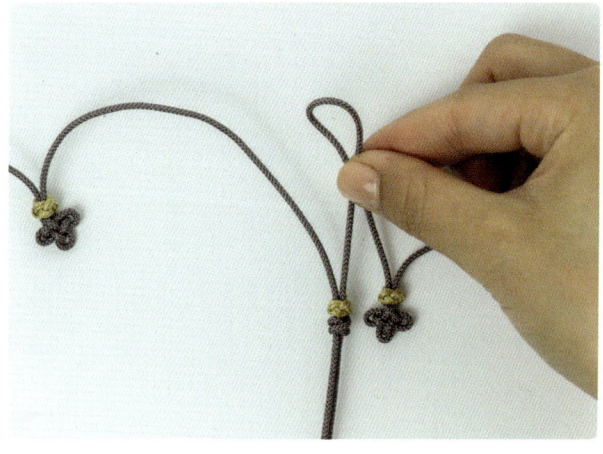

8.

오른쪽에 생쪽매듭을 엮은 안쪽 끈으로 고리를 하나 만들어 잡아줍니다.

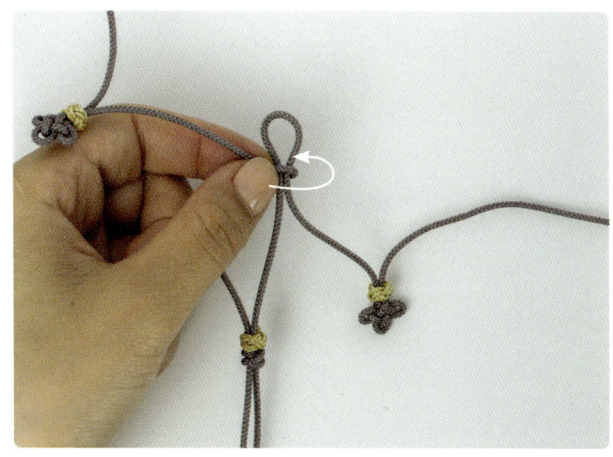

9.
왼쪽에 생쪽매듭을 엮은 안쪽 끈으로 8번에서 만든 오른쪽 고리를 앞에서 뒤로 감아서 짧게 잡아줍니다.

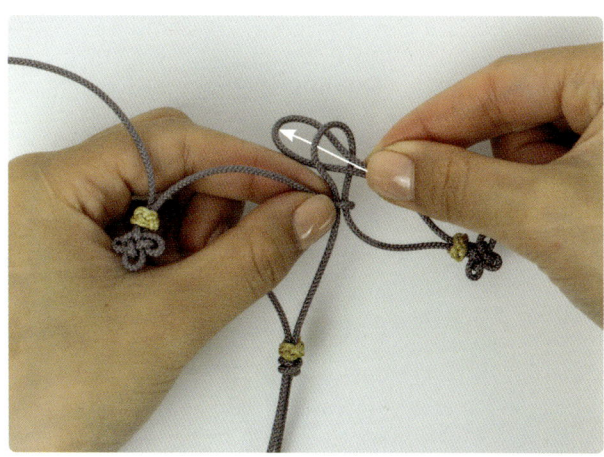

10.
오른쪽에 생쪽매듭을 엮은 바깥쪽 끈으로 고리를 하나 더 만들고, 8번에서 만든 안쪽 고리에 통과시켜 넣어줍니다.

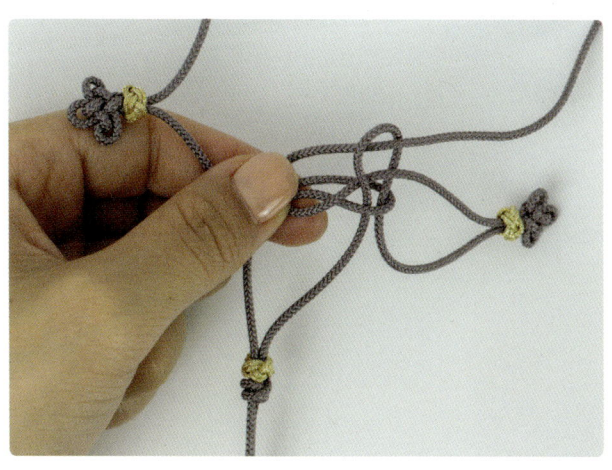

11.
10번에서 통과시킨 고리를 왼손으로 고리를 만들어 잡고 있는 두 가닥의 끈 위로 올려줍니다.

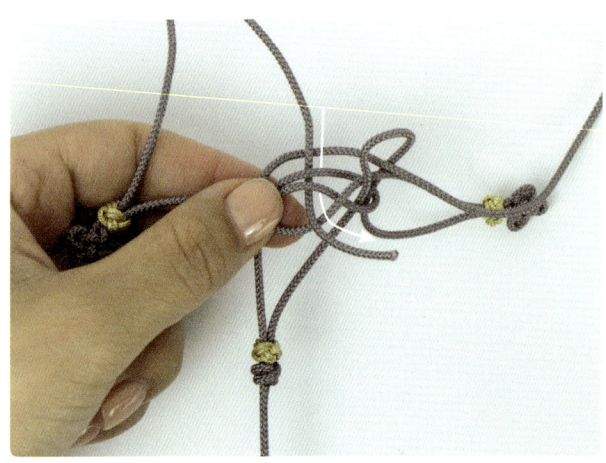

12.

왼손으로 고리를 만들어 잡고 있는 두 가닥의 끈을 고리 위로 살짝 꺼내 잡고, 왼쪽 끈을 뒤에서 앞으로 통과시켜 넣어줍니다.

13.

12번에서 위로 꺼낸 두 가닥의 끈을 다시 아래로 밀어 내리고, 네 방향의 끈을 모두 당겨서 매듭을 줄여줍니다.

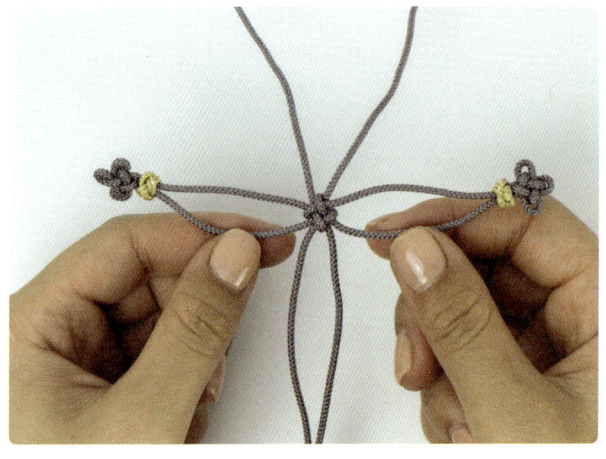

14.

우물 정(井)자 매듭 양옆 고리에 생쪽매듭이 하나씩 달린 모양이 되었다면, 장구매듭 하나가 완성되었습니다.

15.

매듭의 중심부터 끈의 흐름을 따라가며 송곳으로 매듭의 크기를 줄이고, 중심 도래매듭 가까이에 붙여줍니다.

16.

답비를 사용해 매듭 위쪽에 가락지매듭을 하나 더 끼워주고, 그 위에 도래매듭 하나를 엮어줍니다.

17.

장구매듭 돌띠 도안을 참고하여 도래매듭과 장구매듭을 번갈아 엮어줍니다. 장구매듭 사이에 도래매듭 4개를 엮고, 장구매듭은 5개를 엮어주었습니다.

✿Tip 장구매듭 돌띠 도안 181쪽을 참고하여 매듭을 엮어주세요.

18.

150cm 길이의 끈소사를 반으로 접고, 매듭 뒤에서 고리 안으로 나머지 두 가닥의 끈을 넣어 매듭을 맺어줍니다.

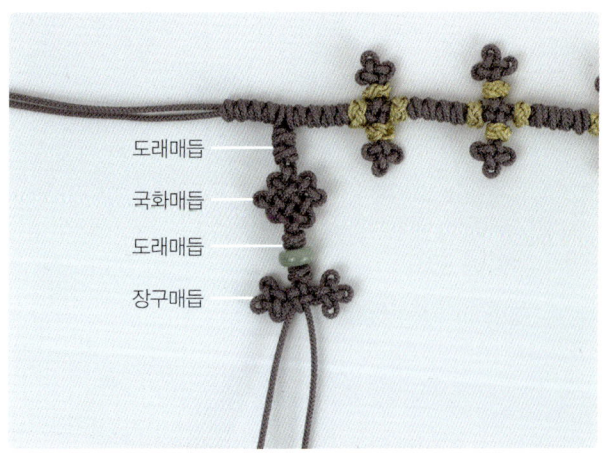

19.

도래매듭, 국화매듭, 장구매듭을 도안을 참고하여 엮어 노리개 상단 매듭을 완성합니다. 도래매듭 사이에 옥구슬도 하나 끼워줍니다. 그다음 매듭풀에 노리개 상단 매듭을 담가 고정합니다.

- Tip 장구매듭 돌띠 도안 181쪽을 참고하여 매듭을 엮어주세요.
- Tip 국화매듭은 124쪽을 참고하여 엮어주세요.

20.

삼봉술을 준비합니다. 그다음 답비를 삼봉술 아래에서 위로 통과시켜 넣어주고, 노리개 상단 매듭을 엮은 두 가닥의 끈을 삼봉술 안으로 당겨옵니다.

21.

답비를 삼봉술 오른쪽 위에서 아래로 통과시켜 넣어주고, 아래 오른쪽 끈 한 가닥을 당겨옵니다.

22.

왼쪽 끈도 동일하게 당겨옵니다.

23.

장구매듭 가장 아래쪽 고리에 답비를 통과시켜 매듭 구멍 사이로 오른쪽 끈을 당겨옵니다.

24.

답비를 삼봉술 오른쪽 아래에서 위로 통과시켜 넣어주고, 오른쪽 끈을 다시 아래로 당겨옵니다.

25.

왼쪽 끈도 23~24번 과정을 동일하게 반복하여 끈을 당겨옵니다.

26.

삼봉술을 위로 올리고, 도래매듭을 엮어 삼봉술을 노리개에 고정시킵니다.

27.

남은 끈은 깔끔하게 자르고, 끈의 절단면에 순간접착제를 소량 묻혀 마무리합니다. 반대쪽도 18~27번 과정을 반복하여 노리개 상단 매듭을 엮고, 삼봉술을 달아줍니다.

28.

T핀에 옥나비와 꽃 자개구슬을 넣고, 9자말이집게로 T핀의 끝을 둥글게 말아줍니다.

29.

옥나비와 꽃 자개구슬을 넣은 T핀에 O링을 연결하고, 장구매듭 아래쪽에 달아줍니다.

❋Tip O링을 열고 닫을 때는 평집게와 오링반지를 사용하면 편해요

30.

다섯 개의 옥나비와 꽃 자개구슬 장식을 모두 달아줍니다. 그다음 끈의 양 끝에 생쪽매듭과 도래매듭 세 개를 번갈아 엮어 마무리하면 장구매듭으로 엮은 돌띠가 완성됩니다.

부록 **전통매듭 도안**

❋ 전통매듭 기호

기호	매듭 이름
	국화매듭
	매화매듭
	단지매듭

기호	매듭 이름
◯	가락지매듭
×	도래매듭
	생쪽매듭
	장구매듭

❋ 매화매듭 월행잉

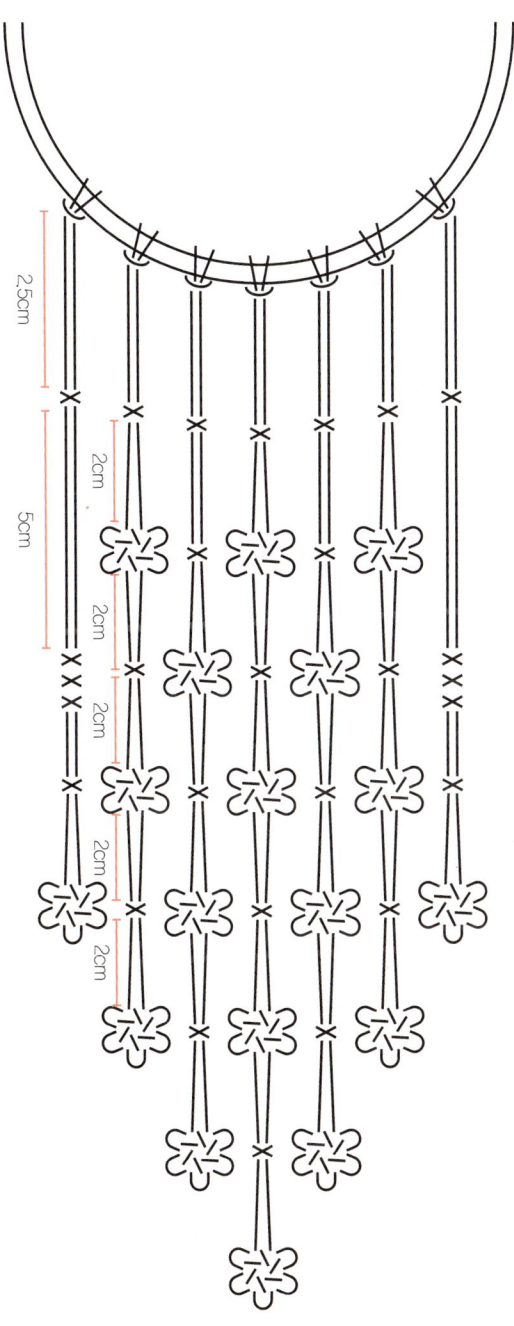

❀ 단지매듭 노리개

장구매듭 돌띠

모던한 감성을 담은 매듭 소품
아름다움을 엮다, 전통매듭

초판 2쇄 발행일	2022년 04월 22일
초 판 발 행 일	2021년 03월 25일
발 행 인	박영일
책 임 편 집	이해욱
저 자	김정인
편 집 진 행	이소영
표 지 디 자 인	김도연
편 집 디 자 인	신해니
발 행 처	시대인
공 급 처	(주)시대고시기획
출 판 등 록	제 10-1521호
주 소	서울시 마포구 큰우물로 75 [도화동 538 성지 B/D] 6F
전 화	1600-3600
팩 스	02-701-8823
홈 페 이 지	www.sdedu.co.kr
I S B N	979-11-254-9195-8[13630]
정 가	15,000원

※이 책은 저작권법에 의해 보호를 받는 저작물이므로, 동영상 제작 및 무단전재와 복제, 상업적 이용을 금합니다.
※이 책의 전부 또는 일부 내용을 이용하려면 반드시 저작권자와 (주)시대고시기획·시대인의 동의를 받아야 합니다.
※잘못된 책은 구입하신 서점에서 바꾸어 드립니다.

시대인은 종합교육그룹 (주)시대고시기획·시대교육의 단행본 브랜드입니다.